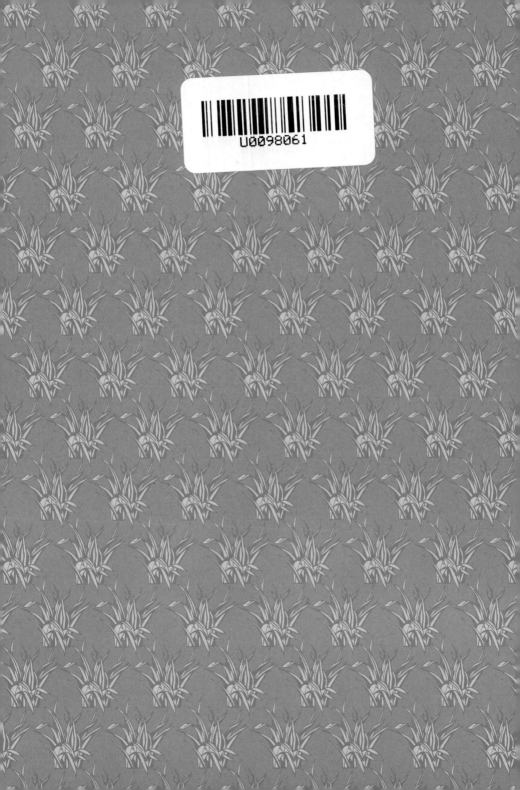

第二波台灣論

新傲骨宣言10

新傲骨宣言 SPECIAL

目次

新
傲骨宣言
SPECIAL
第127章
《台灣論》
與奧運、
民族主義
二〇〇〇年九月十八日過午
《台灣論》全部脫稿。
最後部分大家進駐工作室
連續幾天也沒洗澡
輪流睡覺、日夜趕工
總算趕上截稿時間
那幾天操得有夠兇
大家都很努力
甚至有個同事發燒倒地
在醫院打了針後
還是立刻回到工作崗位上
沒事！
和過去日本兵在叢林中行軍相比
根本不算什麼
飯還有得吃
所以 還沒有人餓死
不過 每個人身體實在太臭了
根本靠近不得，所以……
好……臭！
我先回去了
稿子用傳真送過來給我！

這次《台灣論》封面全部委託鈴木成一設計事務所製作。其中，臉的部分採用我的畫作，蠻好看的：不過我不能自我陶醉。還是該感謝矢崎小姐，因為我總是時間緊迫，才請她幫忙作畫。

我在家裡進行稿樣的最後校定
二○○○年五月我前往台灣拜會李登輝前總統深受衝擊無論如何也要讓日本年輕人了解台灣的事情因而決定作畫
然後希望我的作品也能有助於十月底李登輝先生實現訪日的心願
我打算在十月初推出《台灣論》以形成輿論因此拼命趕工然而……
結果 日本政府卻似乎屈服在中國的壓力之下
李登輝先生曾經是日本人他的青春期 正是日本殖民統治台灣的時候
他講日語用日語思考還曾以日本兵的身份參加「學生出陣」
至今他還深愛日本而且，他也是
帶領台灣民主化名留青史的偉大政治家
這樣的人物表明想拜訪懷念的日本
想走一趟「奧之細道」、並給認識的醫生看看病
日本卻不許他入境實在是……
日本政府真是「屁眼太小」令人不恥！
日本不應一味地配合中國的音樂起舞！
陳水扁總統對於日本政府的批判令我無言以對
總之請大家仔細看我秘密完成的《台灣論》！
這裡面有發現、驚奇與感動……而且這次應該會有「爆笑」吧
《台灣論》快完成時雪梨奧運剛好展開
小林よしのり
台湾論
「戦争論」から2年、またも騒然の書、発刊!
「日本人」とは何か!
「国家」とは何か!

中國的朱鎔基總理於10月1日的中國國慶日前夕發表演說，以帶有武力恫嚇的語氣說：「為了阻止台灣獨立，我們已有萬全準備！」。這就是所謂的「軍國主義」。
結果不知不覺我也沈迷進去
為選手與出賽隊伍聲援、加油……
哇
日本選手賽況如此
日本贏了嗎
但我愈來愈受不了的是報紙及新聞播報員對奧運的看法與實際作為之間的矛盾
對這種矛盾深感厭煩！
他們一面主張「運動無國界」
進行報導時，卻又壓倒性地集中在日本人參賽的項目
日本輸了比賽時跟著惋惜、難過
情緒一直激動
變成沒辦法專心工作
太可惜啦ー！！
他們又宣稱「終究是為個人而戰」
卻完全忽略獲得金牌的外國人
而且只訪問獲得銀或銅牌的日本人
拼命加以讚賞
但日本人獲得金牌
就一整天不論哪個頻道都採訪這位選手
連父母鄉親的欣喜表情都加以轉播
日本總共獲得幾面獎牌更是關注的焦點
意識上完全把日本選手視為自己人
同喜同悲
國民化為一體
瘋狂不已
這應該是完美無缺的民族主義吧？
當然，如果報社或電視台平常就認同民族主義及愛國心的話
就沒有問題
這些狂熱的報導我也能接受
然而，平常他們根本不是這樣不是嗎！
學校的學生們反對「國旗」、「國歌」
畢業典禮也不唱「君之代」（日本國歌）
想辦法把「日章旗」拉下來
他們不是一向都刊登這種迎合學生的消息嗎？
而學生們又如此看待這次的奧運？
看到沿途揮舞的日章旗為凱旋選手歡呼的場面
他們會厭惡地關掉電視嗎？
按理說 左派媒體應當調查這種現象，加以報導才對
結局、強制にならないか
日の丸の法制化は
には無理がある
式場に響く「国歌斉唱」
法施行後、初の卒業式
締め付け拡大

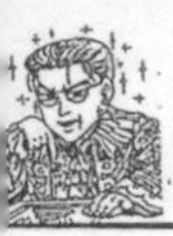

《新傲骨宣言》第9卷的內容與對談來賓，都是目前為止最重量級的。所以封面腰帶故意呈現粉紅色、可愛的氣氛烘托。有人看照片褪色，以為是舊照。事實上那是秘書金森的傑作，她特別用電腦繪畫復古，讓我看起來像明治時期的文豪！

全日本媒體針對奧運的報導都在自我欺騙
這是「無自覺的民族主義」的表露
還是雖然無法接受但因為生意得做下去就蠻幹一番？
抑或他們認識只有奧運舉辦時可准許民族主義眾聲喧嘩
是這樣子嗎……真是不可理喻！
當然「我們的選手 打敗別國！」這樣的狂熱民族主義是世界各國普通的現象
任何國家的國民都會希望自己國家的選手能多獲得一面金牌
報導方面也是都優先拍攝有本國選手出賽的項目
不論哪個國家因為奧運比賽國民燃起愛國心都是自然的現象
應該沒有國家會害怕、警戒這種愛國心只有日本例外
二〇〇〇年九月二十四日的《朝日新聞》推出以「民族主義」、「陶醉所帶來的東西」為題的社論 指出此次奧運日本選手過度活躍「日章旗」與「君之代」太過搶眼「令人感到非常不安」
ナショナリズム
陶酔がもたらすものは
社説
一味地報導日本人的活躍狀況助長民族主義高漲的左翼報紙，如此自我矛盾實在令人無法忍受他們竟然這麼寫！
有節制的、健全的民族主義可幫多元化的國際社會增添光彩。也可成為競爭與團結的能量來源。
這種說法簡直就是藤岡信勝說的所謂「健全的民族主義肯定論」的翻版！
美化戰爭、提倡為國家這種因「公」而殉職價值的漫畫家小林善紀其作品《戰爭論》出版，成為熱門話題大約是兩年前的事情。
連雪梨奧運的季節我的名字都還上報真是光榮
是啊《戰爭論》推出已經兩年了嗎……
令人震驚
然後《朝日新聞》又如此寫道……
然而，前幾天出版社還決定加印一萬本
幻冬舍的志儀君大概又會來催我寫續篇……

《讀賣新聞》也真奇怪，我才覺得他們在社論中提到「個與公」很好，報導奧運時卻
說「你們不會覺得日章旗很礙眼嗎！？」、「選手應該自由自在地為自己而戰」，刊登
赤裸裸地歌頌個人主義的報導。看樣子，他們報社中，可能潛伏著左翼記者，正在推動
「拋棄國家運動」。

真羨慕小學館……他們的《台灣論》比我們的先出
我們也應該考慮截稿了吧……
我會畫啦！
雖然因為《台灣論》而暫停但我絕對會畫！
別說什麼截稿啦！
好不好？
有截稿日期反而會拖到快來不及了才開始動手
但是，我真的把戰爭美化了嗎？
如果為了國家這種因「公」而殉職沒有價值的話 即等於說 日本的自衛隊及守衛台灣金門島的官兵臨戰時犧牲性命也完全沒有價值
有這麼荒謬的主張嗎！？
在有徵兵制的台灣講這種話的人一定會被女人看不起！
《朝日新聞》提到我的《戰爭論》之後又如此寫道……
不痛切反省軍國主義 回顧戰後的日本是如何重新出發的主張 終究令人難以接受。
他們還是一廂情願地認定那次戰爭的原因完全是日本的軍國主義……
根深蒂固地相信 只有日本是錯的……
我的看法是，對於當時世界流行帝國主義時日本的命運……
以及過去日本誤以為國家社會主義是時代潮流時所犯的錯……
即使抬出現在被美國保護的保溫箱裡的價值觀加以責備
痛罵乃至於反省」都是沒有意義的！

但不可思議的是，他們真的認為，只要不提出「為國奉獻」這句話，年輕人就不會投入戰爭嗎？然而，抱持「自由自在、為自己而活」的心態而殺人的年輕人不斷增加，豈不是更可怕？

我厭惡軍國主義
將來如果日本出現可能變成軍國主義的狀況
為了「國」、為了「公」我都會加以阻止
小出義雄教練常對她說：「運動不是為別人而做的。以前大家一開始就認定，運動比賽是為國爭光，但今天已經不同，妳應該為自己而跑。……（後略）……」
為了緩和選手的壓力 教練有時會說「為自己而跑即可」之類的話 但是在報紙社論中如此強調 反而會讓年輕人認為，報紙是在鼓吹「不必為國爭光，不要在乎別人的期待，想做什麼就做什麼」的個人主義
不過 高橋尚子選手獲得金牌之後 到底說了什麼……
有大家在我背後無限的加油與支持 我跑起來感覺非常輕鬆
……她不是一再說了表達感謝的話嗎？！
然而 沒有解讀能力的報紙令人疲累
隔天二十五日《朝日新聞》又在社論中針對女子馬拉松高橋尚子選手獲得金牌一事這樣寫道
妙的是 隔天二十六日《產經新聞》的社論引用小出教練的著作迎面賞《朝日新聞》一個巴掌！
小出教練在近著《你一定可以》（幻冬舍）之中如此寫道：「每次看到日章旗飄揚，我自然有種抬頭挺胸的感覺。一個選手要是沒有國家榮譽感僅僅這點，就已經輸了一截了。」
優秀的選手絕不是個人主義者
只要閱讀運動雜誌《Number》就可發現田村亮子感人肺腑的話
Number
不論是決賽還是準決賽之前 當然會有壓力 但不知道為什麼 我心情總感覺輕鬆。今天我能來到這裡 靠的不只是自己的力量。真的受到許多人幫忙 我才有今天 所以與其說 我是為自己爭取金牌 不如說 我更應感謝大家。
因為有大家 我才有爭奪金牌的決心。這不是為了我自己 為了大家 我一定要拿到金牌 報答大家
每次一想到這裡 我的心情 立刻變得非常輕鬆。
或許 大家的期待與聲援 有時也會形成壓力 但我沒有這個感覺。
国民をひとつにした「金」

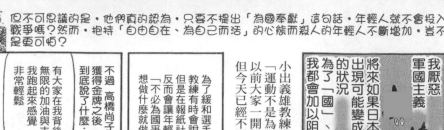

◀ 由上到下分別是《東京朝日新聞》昭和16年（1941）12月11日晚報、同新聞12月24日晚報、昭和15年9月28日早報、昭和17年9月13日早報

此外・今後我也要針對各種主題畫下去！雖然因為教科書問題，我必須每週全國飛來飛去，但接下來的大工作，我將全力以赴！今後還要繼續關照台灣、畫下去！

奧運期間電視上常播出的NOVA
（註：日本著名外語補習班）
（廣告中請外籍教師為日本加油）
廣告「加油，日本！」
感覺不錯
加油日本！
雖然有點難為情
但 謝謝啦 你應該也有必須加油的自己國家的選手才對啊……
認為全世界的人都是地球公民應該一模一樣的《朝日新聞》
希望世界變成刻板單一種類社會的世界主義
我想這就是以國家意識爲媒介而形成的國際感覺吧
大家相互從不同的立足點了解對方
在《朝日新聞》的腦袋中欠缺「他者性」
他們不容許世界上存在著「他者」
我可以驕傲一下嗎？
中國也是一樣還是無法了解台灣是「他者」這樣的事實
把國內的觀念無限地延長到世界各個角落這樣的想法大錯特錯！
小林よしのり
新ゴーマニズム宣言 SPECIAL
『戦争論』から2年、またも騒然の書発刊！
「日本人」とは何か！
「国家」とは何か！

新
傲骨宣言
SPECIAL
第128章
教科書審查中有「抓耙子」臥底
二〇〇〇年十月十二日中國的朱鎔基總理來到日本為了尋求金援展開微笑外交
中國不可再用「歷史認識」刺激日本國民
隔天十三日《產經新聞》刊出一則令人震驚的報導
中学歴史教科書
審議委員の元外交官
検定不合格を工作
外務省幹部も関与の疑い
近隣諸国に配慮
など本格攻撃
リンチ殺害に報復
原來是前外交官介入教科書審查積極運作，試圖讓某一特定教科書無法通過審定！
在此所謂「特定教科書」正是「新歷史教科書編纂會」成員參與製作的……也就是本人也執筆的「中學歷史教科書」！
中学 社会
歴史
送審中・理應未公開的白色封面版本

日中友好議員聯盟的議員團9月下旬訪中之際，中國方面除了對教科書審查施壓之外，好像還質疑「小林善紀」的《台灣論》變成暢銷書，為什麼不禁止其出版？這個動輒打壓言論自由的國家，顯然認為這套在日本也行得通。看來他們對「公」的認知相去甚遠。

而了解中國政府的意向後
前政府有力人士與
外務省幹部協議
開始展開所謂的
「抓耙子臥底」！
這個前政府有力人士 就是
後藤田正晴
外務省幹部則是
亞洲局地域政策課長
小原雅博
所謂 前外交官就是
前駐印度大使
現任日中友好會館副會長
野田英二郎
後藤田是
日中友好會館會長
他承認與小原見過面
野田也承認
曾和後藤田見面
野田英二郎於二〇〇〇年二月
在外務省推薦下
成功地潛入「教科用圖書檢定調查審議會第二部會」
成為「歷史小組（全部十名）」委員之一
野田這個親中派
立刻寫信或打電話對其他九名委員
中的八名施壓
在「抓耙子人員」運作下
已經有三個委員確定被其籠絡
這樣的教科書是
不行的啦！
那種說法
根本胡說八道
日本戰爭犯罪方面
應再寫多一點！
描寫外國的戰爭犯罪
是外交上的
魯莽之舉！
前中國大使也
非常擔心
這部教科書
受到外務省亞洲局
部分親中派指使的野田
出席十月十七日與二十四日
舉行的委員會
他的工作目標是
一舉駁回
「編纂會」的教科書
真是前所未聞！竟然打算一次就
判定不合格 連改寫都不被允許！

阻礙李登輝前總統訪日的，結果也是這次進行「教科書審查抓耙子」的外務省親中派。
由此看來，日本確實存在著「中國學校」出身，把中國視為「本家」的「漢奸」。
委員中的一人如此證實
根本不認識的人卻突然寫信來說：「有一本教科書很糟糕」
過了不久又打電話來
那位前外交官一味地強調對中國的擔心給人一種很不公正的感覺
野田英二這傢伙到底在想什麼？在他的著作《從海外看日本》之中 有如下的文章
海外からみた日本
的確，從去年（96年）以來，台灣海峽就頻頻傳出「危機」。
然而，這個問題根本原因在於台灣方面打算把台灣問題弄成國際問題，希望台灣從中國分離出去。
為了與此對抗，中國才被迫必須進行威嚇行動事情應這麼看。
擁有歷史與傳統的中國民族主義大概不會容許台灣方面有任何要把台灣問題國際化的舉動。
雖然需要一點時間，但未來台灣問題基本上與港澳回歸一樣 屬於中國內政問題必須以和平、政治手段解決。
讀過我的《台灣論》的人聽到這種說法大概會憤怒不已吧
顯然，野田連中國對台灣海峽發射導彈的威嚇行動都給予正當化
這種是完全忽視台灣人意志與心願的做法
我曾實際到台灣仔細觀察當然不能容許他如此胡搞
小林よしのり
台湾論
「戦争論」から2年、またも騒然の書、発刊!
「日本人」とは何か!
「国家」とは何か!
小学館
小林よしのり
完全看中國政府臉色的野田
即使在「釣魚台問題」上也站在中國的立場主張將「釣魚台問題」「暫時擱置」不提
他難道沒有被中國方面洗腦了嗎？
有如此想法即使說他是「中國特務」也不過份

西部邁先生出版了《國民的道德》一書（扶桑社）。這本書同樣很厚，目前正由我進行校對。在我國政府高層有「漢奸」的時代、要教訓年輕人不道德是相當困難的。11月發行的《正論》12月號，刊載了一篇小堀桂一郎、金美齡與我關於台灣的對談。有興趣的朋友不妨參考。

野田對於美日安保體制
也有所質疑
主張美國
不應該以軍事介入
台灣問題
他力主「結束」現行的
美日安保條約
全數撤除在日美軍基地
…但接下來，他卻不主張
由我們的軍隊接手防衛
「沒有美軍基地的日本
正好以真正和平國家的身份
推展外交，擴大與
各國合作的可能性」、
…他在左翼雜誌
《世界》上如此說道…
世界
SEKAI
為什麼讓這種
簡直就是中國特務的傢伙
混進日本教科書的
檢定審議會？
而且
據說還是外務省
推薦的!?
外務省
中國不應再用
「歷史認識」刺激
日本國民
嘴裡這麼說
朱鎔基來到日本
展開微笑外交
九月十三日中國外交部長唐家璇
在紐約與河野洋平外相會談時
對於「編纂會」版本教科書
也表達了強烈關切
如果此時
河野已被
中國籠絡
則由外務大臣下令
摧毀特定教科書
也是可能的
但事實上，中國政府在水面下
卻持續對日本的教科書
審查施加「壓力」
此事已經曝光
十月十六日的《產經新聞》
已報導其經緯
九月十九日
面對訪問北京的
超黨派日中友好議員聯盟
中共外交部次長王毅主張
「教科書問題雖然是
日本的內政問題
但與中國相關的部分
我們有發言的權利
請你們遵守
向來的『近鄰條款』」
王毅顯然希望藉此
發揮對審查作業
的影響力

根據東販圖書公司調查，《新傲骨宣言》第9卷，很快就躍居銷售排行榜第1名，而台灣論》暢銷氣勢更是驚人。絕對不可能肯定戰前的日本，也不認同台灣親日事實的左翼人士，大概又會以其一貫伎倆凸顯台灣人反日的部分，繼續搞破壞工作吧。只不過我手中還有牌沒打呢。

九月訪中的
許多日本議員
看樣子已經
接受了中國政府
這類請求
中國政府對他們的款待
無微不至
甚至替他們
付旅費
有吃有喝
服服貼貼
沒品的政治人物
一下子就
變成親中派了
這個中國自古以來的
洗腦手段
軟骨頭的政治人物
絕難抵擋
九月二十二日中國大使館的
孫建明一等書記官
拜訪文部省
與井上正幸審議官會談
當時孫建明指出
正在審查中的
教科書中
並沒有記載中國方面主張的
日軍在南京屠殺三十萬人一事
也沒有處理
慰安婦問題
南京屠殺三十萬人
自民黨幹事長野中廣務
九月二十六日
在東京都內
與次長王毅
會談時也被提醒：
「你們的歷史教科書
顯然有淡化過去
的企圖」
外務省因此開始檢討
因應中國要求的對策
但是由於審查中的教科書
並未公開
而且也屬於文部省管轄
他們插不上手
苦思解決方法
在外務省裡面
賣國賊就是亞洲局的
部分親中派
但事情做到如此地步
與其說他們是
「親中派」
不如說是
「中國的秘密特務」
還更名副其實
之後不久
十月上旬開始
前外交官
野田英二郎的
「抓耙子工作」
正式展開了
他們的秘密特務魔爪
已經伸進
審議會內部
伺機杯葛
「編纂會」的教科書
照這樣下去
鐵定一次就會被判出局！

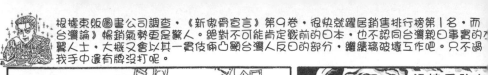

朱鎔基與東京市民在TBS（東京電視台）的對話，是一齣大鬧劇。問題都事先經過篩選，播出前對他不利的鏡頭全剪掉，主持人筑紫哲也極不自然地維護「友好的氣氛」，完全沒有對朱鎔基提出質疑，只有「嘿……」笑得很怪異。看樣子，TBS已成為中國國營電視台的日本支部。

按理說應該還沒有公開、送審中的白皮版本為什麼會外流出去？
如果審查委員有意見還能修改的白皮版本就是為了不讓審查委員有成見所以不標明哪個出版社及執筆者姓名
是誰把本書照片披露刊登在韓國的報紙、備受批判或是洩漏給中國及外務省知道的？
又為什麼只有「編纂會」參與的「扶桑社」版教科書內容會披露在《朝日新聞》、《每日新聞》等報紙以及畸形的左翼八卦雜誌上？
又為何 連政治人物與外務省都如此歇斯底里地照著中國的要求打擊這本教材!?
日 '歷史교과서 왜곡' 또 狂風분다
日우익의 '역사학살'
皇國 선전물이 교과서
中学 社会 歴史
新しい歴史教科書をつくる会
우파단체 '새교과서 모임'서 改悪 앞
韓国併合は必要
戦争に善悪つけがたい
強者の論理に終始
這次批判行動已知點火的是「出版勞連」以及「孩童暨教科書全國聯線21」等左翼團體。
一九八六年小堀桂一郎等人編寫的《新編日本史》也是都已審查合格了
卻在《朝日新聞》的抨擊
中國與韓國也跟著起鬨之下
於是政府首腦及外務省局長等人紛紛施加壓力迫使教科書內容變成支離破碎！
新編日本史
合格
日本中樞領導階層竟然有人為中國利益暗中串連！

日本的教科書
並非「國定教科書」
所以日本國內
不會只有一本
審查合格的
多達七～八本
合格
歴史
政府啊！外務省啊！
「除了其中一冊以外
其餘的教科書
都有按照您的意思」
這樣告訴
中國與韓國
不就好了嗎？
就算「編纂會」的教科書
被審定合格
最後會有多少人採用
還不知道
政府幹嘛如此
緊張兮兮？
衆多自虐式教科書之中
只有一本
蘊涵著「對先人之愛」
有這樣的教科書
不也很好嗎!?
為什麼一定都要全部
投中國與韓國所好？
為什麼要進行比戰時更嚴格的
思想控制？
為什麼要模仿
共產國家
或獨裁國家
實施一言堂的
言論控制？
中学
外務省
日本這種在自己
國家教育的根源
也就是教科書審查工作上
反應出中國意志的作法
卻幾乎沒有受到批評
《朝日新聞》與
《每日新聞》反而
正中下懷
請你們協助
讓我的孩子
也產生根深蒂固的
罪惡感
請讓這個孩子
一輩子對貴國感到
羞恥
一輩子只要
付錢消災即可
再有捏造新的
戰爭犯罪事實的時候
記得幫我們培育
只知唯唯謝罪
缺乏獨立思考的下一代

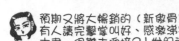

根據10月17日的《產經新聞》，野田已迴避參與審議會。檢定審議欠缺公正性，違反守秘原則，而且已有委員受野田籠絡，難道野田迴避就可解決問題嗎！？外務省的漢奸，才是日本國民反中情緒的元凶。關於這點，我還要繼續報導，也請大家口耳相傳。

依我的推測 這次朱鎔基訪日 也是外務省與 中國政府 一起搞的鬼
目的為了緩和 日本國民的反中情緒 以便日本政府 繼續進行 對中國撥款的ODA （政府海外開發援助）
TBS的筑紫 會提供朱鎔基 表演場所
這次，表面 不要強求日本在 歷史認識上認錯
相對地 教科書審查方面 我們會有所交待
我們已經 派了特務 潛伏進去
只要把「編纂會」的教科書 一腳踢出局 日本的歷史認識問題 就可斬草除根！
我們保證 日本在教育方面 一定會讓 下一代年輕人 服從、 從屬於 中國
但天算不如人算 我的 《台灣論》成為 頭號暢銷書 此時朱鎔基 訪問日本 大家提問最多的 便是台灣問題
一番多かったのは台湾の問題なんですが
朱的話明白顯示出 中國的傲慢 其危險性
台灣一直都是 中國的領土 統一是中國全人民 的願望…
不僅如此、中國今後一定會 逼迫日本把謝罪訴諸文字 並暗中對教科書審查 施壓 而外務省甘為中國鷹犬 秘密干預文部省管轄業務的 所有企圖終於曝光！
外務省
我可以驕傲一下嗎？
立刻撤換 侵犯公正審查的 中國與外務省的 「抓耙子」 野田英二郎
身爲政治人物 不照顧日本利益 卻拼命爲中國利益代言 策劃秘密工作的 外務省幹部們 也應砍頭！

解説

進行「審查臥底工作」被發現的野田英二郎，於2000年10月30日被教科書檢定審議會除名，由他人遞補。

外務省接受中國意見做成的內容文件，經證實內容與野田寫給其他審查委員的「懇請予以判定不合格」的信件極為相似。由此可見，外務省整個組織介入此事涉嫌重大。

雖然外務省一再撇清關係，外務省的亞洲大洋洲局長槙田邦彥卻發言表示，中國與韓國對日本的教科書施壓，不算干涉內政。中、韓政府連日一再要求日本「判定不合格」的發言，外務省也完全沒有提出反駁。

相對的，首相官邸並未屈服於外國壓力，而是貫徹政治不介入的方針，尊重審查結果，也就是由「編纂會」主導的扶桑社版教科書，順利過關。

某政府高層官員表示：

「過去推動教科書正常化運動的都是老年人，這次卻以年輕世代為中心。輿論不會允許政治介入這類作法的。」

新
傲骨宣言
SPECIAL
第129章
我們的國民
還有道德嗎？
《台灣論》已經大賣
超過24萬本
一時之間，許多書局
都賣到缺貨
反應非常熱烈
照此看來
了解台灣的日本人
應該會大幅增加
然後，透過台灣
日本本身也可……
感動しました。台湾と日本がいかに歴史的に深く密接に結ばれているのか始めて詳しく知ることができました。日本人の良きところを知っている台湾の祖父母世代の人達から私も含め現代の日本人は学ぶべき点が多いにあります。素晴らしい作品をありがとうございました。(18歳・大学生)
いました。読み終えた後は涙が止まりませんでした。海外旅行にはたいして興味もなかったのですが、台湾にはぜひ行ってみたいと思います。(25歳)
最終章「あさり」の段で震えました。日本精神の「あさり」とは、確固たる信念に基づく意志表示の型なんですね。これからの私達は「あさり」を取り戻すべきだと思いました。(40歳・僧侶)
台湾論
「戦争論」から2年、またも騒然の書
「日本人」とは何か！
「国家」とは何か！
この問題を解く鍵が、日本の遺産を守り継ぐ
私が台湾で知り合った運転手さん(60代)やガイドさん(70前)と交わした話の意味がこの本のおかげでやっとわかりました!!(32歳・会社員)
日本友好議員聯盟的人
訪問中國時 中國方面……
為什麼日本不查禁小林善紀的《戰爭論》
……由此看來
這本《台灣論》
必然令中國方面相當
難堪
但即使外務省再惡劣
也不可能在有「言論自由」的國家
公然禁止
《台灣論》發售
中学社会
歴史
不過 他們還是正在
秘密運作，試圖讓送審中的
「編纂會」的版本
一次就不予通過

大家真的信任田中康夫與川田悅子嗎？不要傻了。大家不會懷疑嗎？講白一點，這真的是很笨。我們可以理解長野縣政府官員折掉田中縣長的名片的心情，但也不必歇斯底里地連該官員的住址都在網路公開。你說這些人是普通市民，還是支持田中的義工？
日中友好會館會長 後藤田正晴
外務省亞洲局地域政策課長 小原雅博
前駐印度大使 野田英二郎
二〇〇〇年九月十九日親中派這三人針對「編纂會」的送審本有一番討論
野田顯然已開始運作文部省的檢定審議會委員
某位委員所收到野田寫來的信中指出「編纂會」送審本的許多問題點
野田明顯觸犯了國家公務員的守秘義務！
該歷史檢審委員會似乎已將工作展延直到事態正常化為止
文部省應罷免野田！
自民黨也必須調查外務省用整個組織干預此事的不當行為
教科書検定工作問題
元外交官の不合格要請文書
「外務省見解」と似る
組織的関与の疑い強く
然而外務省為了中國利益而運作
把明顯有左翼思想的野田送到教科書檢定審議會當抓耙子……
如此非法行徑《朝日新聞》與《每日新聞》卻完全沒有報導
外務省
○日本労働党 990915
日本は台湾問題に干渉するな
日中友好会館副会長
野田 英二郎氏に聞く
○日本労働党 97/4/15
日中国交回復25周年
中国敵視の安保は日中友好の障害
アジアで孤立しない外交を
友好会館副会長・元駐インド大使
野田英二郎氏に聞く
日本媒體自豪的「批評官僚」傳統根本是騙人的
反正如果官僚為了中國而做出不當行為也要裝作沒看見
這就是左翼媒體的眞面目！
我們的媒體只會圍剿中川官房長官的婚外情問題逼迫中川辭職
另一方面，自曝與多名女性有染的田中康夫則獲得長野縣民選票
未來田中的「ペログリ」大概還會持續下去
媒體正等著看好戲（譯按）
被揭露的隱私稱之為「不道德」
自己曝露隱私則是「情報公開」
日本人似乎認為曝露狂是「有道德」的
拼命主張「情報公開」的女性候選人隱藏自己是共產黨系統的身份
假裝無黨無派結果順利當選
這種人大概也不打算幹太久選舉不過是為了替兒子找工作鋪路而已

〔譯按〕：2000年10月，長野縣長改選，作家田中康夫與副縣長池田典隆激烈對壘。池田攻擊田中女性關係複雜，創造了「ペログリ」（意指不斷與女性上床）這個辭彙，卻被婦女界抨擊爲「不道德」。選舉結果，田中以壓倒性票數獲勝。

朝日電視台「辯論到天亮」節目主持人田原總一朗拼命鼓吹「坐巴士不可太晚上車！綁架問題先擺一邊，趕快和北韓建交吧！」，但日本國民好像完全沒有這種打算。真是可惜啊！〔譯按〕

高知名度或者明星、演員
年輕英俊、楚楚可憐是候選人當選的必備條件
投票給名人的大眾乃至於吹捧名人的媒體
都愚昧、輕薄且不道德之至
既有打算把自己下半身「情報公開」的縣長候選人
也有想把他人下半身「情報公開」的傢伙
「竊聽」、「偷拍」儼然大流行
東京大學的女子廁所也陸續抓到「偷拍」、「偷窺」者
早稻田大學發生多起有人從樓上瞄準女學生潑灑牛奶與優酪乳的事件
政治人物與外務省媒體以及名人乃至於選民及學生……
全部陷入無法控制慾望的狀態……
不道德正在氾濫！
當我們為了工作而集合正在等編輯時突然金森的提包裡的行動電話響了
嗶嗶—嗶嗶！嗶嗶！嗶嗶！
是誰啊？會不會是金森的朋友打來私人電話……
在工作場所秘書的私人談話被上司聽到是很丟臉的。
快關掉行動電話吧！
是中村先生！
原來如此？
呵呵！
結果我被責任編輯寺澤君糗了一頓……

〔譯按〕：田原總一朗這個節目收視率相當高，小林善紀與金美齡都曾應邀擔任來賓。基本上小林認爲，田原屬於「左翼人士」。

《台灣論》迴響熱烈！！與《戰爭論》相同，給我的心魂非常大的衝擊與感動。而且（令人難忘的是）小林流的有趣言辭，總令我爆笑不已（21歲‧大學生）／我特別喜歡第8章《台灣的歷史》。完全沒想到有如此感人、深度的故事（16歲‧高中生）／第11章許文龍先生「從民眾角度出發的歷史」我相當能接受（20歲‧大學生）／最後一章「走進民眾的生活」，洪先生的故事令我印象深刻。特別附錄「秘書金森的台灣美食記錄」我想以後會用到（21歲‧大學生）

「到處都是吵雜的手機聲吵得要死、真沒禮貌！」
我嚴厲地叱責金森的行為
沒想到那通電話卻與工作有關
當場令我尷尬不已
他已經在九樓會議室等我們了
喔…是嗎？那我趕快過去
如此一來 行動電話的便利性就逐漸地破壞了人際關係的節制以及教養這類美的意識
行動電話讓人們改變習慣
即使把「私」曝露在「公」的場所也完全不覺得羞恥
原本我叫金森辦手機是為了出去辦事若趕不上時可先打電話告知對方
因為街道上公用電話愈來愈少
而我預期這支手機大概會只打不接
但開始使用之後漸漸的也有別人打給金森
抱歉 可能會遲到 所以……
最近連大人們在餐廳或電車、計程車裡也同樣旁若無人忘我地講私秘的電話
有一次我和金美齡女士一起坐新幹線的頭等車廂前往新潟參加一個教育問題的研討會！
金女士後面的座位有個人講話很吵
她就請經過的車掌前往制止
要求對方聲量放低一點
在新潟的教育研討會上金女士提到電車這件事時
我卻有點擔心起來便鼓起勇氣對金女士說：
據說金女士坐電車遇到沒禮貌的年輕人都會加以糾正
金女士妳要小心
過去我在福岡工作時曾有個《每日新聞》的記者來採訪我……
這個人很有正義感做人正派
不久卻因為斥責暴走族而被殺害

為了青商會相關團體演講，我來回奔走於熊本、吳、空知、帶廣等地，好累。演講前帶廣的美女們給我的「喉糖」，讓我的喉嚨舒服不少。謝謝。熊本地區的女性也似乎一直期盼與我多聚，但演講結束我必須趕場，真是可惜。這些女孩子真好啊。

眼前，即使只是指責別人的小孩也可能變成「要命」
過去我曾期待最好趕快年老就可揮舞拐杖教訓年輕人
但近年來「長幼有序」的「常識」都已搖搖欲墜
換言之過去社會大家默許、遵守的規矩都已漸漸崩潰
以前我家附近也曾發生某公司老板只因為訓斥兩個騎乘機車的年輕人就被殺害
殺人者若是少年只需坐牢數年成人至多十數年就可再回到社會……
見義勇為道德感強的人被殺後卻不可能再活過來
在這種「常識」被破壞的時代要講「道德」已經很難
這些問題不可能只靠
●要敬老尊賢
●人所不欲己所不為
●不可欺負別人
●要學習自我克制的能力
……等等刻板標語與口號就順利解決
お年寄りを大切にしよう
他人の身になり迷惑追放
誘惑に負けない自制心を!
なくそういじめ
更何況滿口道德的人說不定本身更可疑……
他們很可能把自己身上的不道德放在一旁……
甚至對於自己的不道德完全沒有感覺
正因為有如此厚顏無恥的傢伙
我們更必須小心提防
在現代社會或許只有能持續意識到自己不道德的人才有資格講道德
我曾建議「西部邁先生，你該寫點東西。」
他率直地答應
於是默默地寫了一本稿紙多達1300張的《國民的道德》〔譯按1〕
国民の道徳
西部邁
根據西部邁的看法 當我們討論道德時必要注意「時・處・位」等要素
因為時、處與位置不同人際關係也會有各種變化
忽視T・P・O〔譯按2〕拼命講口號
現在的小孩可不是奧姆教信徒（那麼容易催眠）
這樣做只會讓他們訕笑

〔譯按1〕：日本作家手寫稿紙，通常一張四百字。
〔譯按2〕：T（time，時間）、P（place，地點）、O（occasion，場合）

中川昭一議員在這次教科書審查的「不當介入事件」中・投注相當心力。高市早苗議員也是。自民黨也有一些優秀的年輕議員・我期待他們能在此事上多多出力。

只是現今日本道德淪喪愈來愈嚴重 這種狀況即使視而不見
看到女人、小孩生命受威脅 大家不能再悶不吭聲 至少也要有這樣的道德感吧
在西鐵巴士劫持事件的人質中丟下女人、小孩而脫逃的男子 後來被社會各界痛罵 說他窩囊、沒品〔譯按〕
不過 也有人認為 任何人都沒有資格批評 深陷極度危險狀況者 求生的本能
因為「落跑」而被批評的該男子 最近接受訪問時表示 他也很內疚 但當時確實身不由己 據說事件帶給他的心理創傷 至今仍未撫平
他這席話 不禁令人同情
除非受過特別「武術」訓練 否則一般人面對持刀男子時 很難不驚慌失措 缺乏對抗的勇氣
那次劫持事件之後 日本的男人是否曾思考：『如果當時是自己被劫持 如何與那把長菜刀對抗』這類問題？
以我個人為例 不曾接受「武術」訓練 只好在腦袋裡 拼命想像
最後我只能告訴自己 必須有決死奮戰的覺悟……
據說美國也曾發生一件兒童溺水事件 為了拯救小孩 有個大人跳入湖中
不料泳技不佳 因嗆水而驚慌 竟然搶了小孩的救生衣 結果救人不成 反讓孩子溺死
緊急狀況時 說不定連自己 也會如此窩囊 一想到這裡 不禁冷汗直冒

〔譯按〕：2000年5月3日下午，手持菜刀的十七歲無業少年在福岡縣劫持行駛中的高速巴士，十五個小時之後才被逮捕。事件中有一名乘客死亡，五人受輕重傷。

aiko〔譯按1〕的「男朋友」真好，算是不平之鳴吧。hitomi的「MARIA」也不錯。高橋尚子能自在地為國爭光，令人佩服。田村亮子則表示，希望能在頒獎台上聽到三次「君之代」，結婚後則全力相夫教子。真是好女孩。看樣子，現在女孩子也為國爭光，不讓鬚眉。

《傲骨宣言》小林善紀竟然臨陣脫逃！
社說
やっぱり「公」のためには死ねない
これぞゴーマン!「ワシだけ逃げてよかですか？」
ゴーマニズムが逃げました
若者は燃えん!
さすがゴーマン。
ワシは逃げる!
正体見たりゴーマニズ
ゴーマニズムは闘争より逃走
小林善紀終於露出馬腿「平常放言高論」無限神勇 豈料不堪一擊 落荒而逃 真是難看！
事件
よしりん逃げた!!
速い速い逃げ足!
まっしぐら!
我的作品總是講人所不敢講的所以常遭受許多人批評與攻擊
被打得體無完膚在此情況下或許會羞愧自盡或者了度餘生
我的工作常把自己逼到險境得隨時有陣亡的決心 實在不輕鬆啊
ふう…
在我看來小林這種心理狀況可說是一種精神上的「死亡訓練」。
一般而言，有人持刀相向除非受過空手道之類武術訓練任何人都會恐懼。
要克服這類恐懼需有武術訓練或者進行「精神」的訓練
特別是膽小者，要克服恐懼更應反覆進行「死亡訓練」膽量就會變大。
只是，在此還有另一個問題，就是眼前日本社會是否還有值得我們拼命加以保護的東西？
（取自《正論》二〇〇〇年十一月號）
戰後日本人不斷把「私欲」放縱到「公共」場域愈陷愈深
眼前的「IT革命」〔譯按2〕風靡社會大家都在磨拳擦掌準備把整個社會變成「私有」場域把每個人「私民化」
結果連「道德」這個辭彙都漸漸變成禁忌改用「人權教育」或以「和平教育」取代
道德
反動教育反対
只要有人提倡「道德」就會被指責說這兩個字有「回歸戰前」的危險

〔譯按1〕：歌手。重視歌曲內涵，與椎名林檎等人合稱爲「詩人系」。

〔譯按2〕：Revolution of Information Technology，亦即電腦、網路等資訊技術方面的革命。

如果有教科書檢定審議的最新狀況，我會立刻向大家報告。《台灣論》與《新傲骨宣言》第9卷，也請大家多多閱讀……！

「道德」的英語是moral
原本意思是「習慣」
「倫理」的英文則是ethic
從希臘語「ethos」演變而來
原本指「習慣化的感情」
国民の道徳
西部邁
こんな時代だからこそ
あらためて日本人の生き方を考えてみたい。
不論「道德」或「倫理」
原本都有「習慣」之意
換言之，除了法律之外
人們相信的價值基準與默許的規則
大多是先人在生活中累積、遺留下來的
因此，一旦否定先人的過去＝國民歷史被否定
道德就會開始瓦解
最不道德的人就是那些日本「漢奸」！
他們為了與中國交好
竟然出賣國民的歷史教育！
日本國內的〝抓耙子〞左翼運動家↓韓國媒體↓朝日・每日新聞↓中國共產黨↓政治家↓外務省
審查會的臥底間諜
他們已經撒下天羅地網
準備封殺日本歷史
朝
我可以驕傲一下嗎？
我個人的隱私中也有一些不道德的部分
若照一般常識我會把它隱藏起來
但身為作家我也可能把它曝露出來
如此做法絕不是什麼「情報公開」的健康做法
之所以這麼寫
我當然早有覺悟
自己的不道德！

第130章
《台灣論》改變了左翼的言論市場
新傲骨宣言
SPECIAL
《台灣論》越組代庖地描述了他國的歷史
不知道台灣人會怎麼想？
我有點不安……
就像謝雅梅小姐看到自己國家的家醜部分被描寫出來似乎相當緊張……
寺澤則因為知名度大增跟著翹起尾巴來……
金女士跳草裙舞的畫面我給她加油添醋而大受歡迎……
日本的讀者不知道有沒有注意到這本書主要是以台灣為鏡來重新思考日本人的自我認同問題
結果本書賣座超乎預期被我寫進來的人臉色好像愈來愈難看好怕……
台灣論

特報 「編纂會」提案而由扶桑社發行的中學歷史教科書，送審本（封面空白，不註明出版社）檢定的結果，已通過第一次審查！外務省在背後策動的破壞工作，終於失敗！未來我們的重點在於，好好地處理審查的意見。

哇……
還在賣啊……
真令人不安！
如果像《戰爭論》一樣中國又要求禁賣該怎麼辦？
「我最喜歡台灣的鳳梨酥」曾這麼說的金森最近收到金女士送來的許多鳳梨酥一個人吃得不亦樂乎
我真幸福～♡
你會變胖啦！
讀者的回信如雪片般飛來
ストが希望に満ちていて読んで
れしくなりました。こんなにも心を動か
される物語がかつてあって，いまも作られ
つつあるということに驚き，とても楽しめて
一気に読めました。面白いのは，
よしりんの手腕ですよね！（21歳・大学生）
今日の日本が失って
しまった精神が台湾
にまだ生きている！
俄然台湾という国，歴史に
興味がわきました！
つい先日私も祖父とともに
靖国神社へ参りました。祖父
の世代と精神の絆を繋げて
いただいて深く御礼申し上げ
ます。（19歳・大学生）
国とは歴史のつみかさねで
なりたち，その国民はその歴史を知ること
で自らのアイデンティティーを確立することになる。
台湾は今，これから動きはじめますが
リフか李登輝さんが台湾の創造主として
まつられることを願っています。（20歳・大学生）
今，日本が誠意を
つくすのは，どこでもない，
この美しき島国「台湾」だという事を
しみじみ思ったのでした。本当に日本の
政治家をぶっとばしてやり
たいものです。（36歳）
素直に感動と感謝を感じました。
台湾の歴史を分かりやすく紹介する
だけでなく，その歴史を通じて日本
人が失なっているものを浮きぼりに
し，台湾という国を考える，認識
する資料となる内容の濃さ，
台湾の方々を通じて，日本人の誇
りを学んだと思います。又，台湾
の方々に負けない様，自分達の
歴史を見直せるよう頑張ってい
かなくてはとも思いました。
（29歳・会社員）
この本をもっと早く読みたかった!! 台湾について
あまりにも無知でした。数年前 台湾の方々とお話する
チャンスがあったのですが，その内にまた日本の戦争問題
になると思い早々と席を立ったのでした。私の頭の中に
はアジアの人々イコール日本が嫌いとインプットされていた
のでした…。とても優しい人なのに今思うと台湾の方々に
ずいぶん失礼な事をしたと恥ずかしい
思いです。（28歳・主婦）
開始有台灣的讀者寫信來表示本書畫得很好
您好，我是與台灣人國際結婚住在台灣的日本人家庭主婦
我很早就是《傲骨宣言》迷手上有全系列作品，頗感自豪
為了在台灣也能讀到《傲骨宣言》我訂購了《SAPIO》雜誌
小林先生開始討論台灣問題之後我每次都屏氣凝神地仔細閱讀
台湾で李登輝氏と会
台湾のアイデン
JAPAN
我原本打算繼續當默默支持的讀者
但讀了《台灣論》之後
有些話不吐不快
鼓起勇氣提起筆來
自從一九八七年來到台灣十三年來每天一點一滴累積才感受、體會到的東西
沒想到小林先生只用短短幾個月就充分掌握並歸納在一本書裡面
真令人驚嘆
讀完後我不禁覺得周遭已習慣的景物看起來好像又不同了
「喔 原來我是住在這樣的國度啊？」
我感覺自己終於能在歷史的潮流中清楚認識到

「編纂會」的教科書通過審查後，說不定中國與韓國會出面干涉。到時候《朝日新聞》與《每日新聞》等反日左翼媒體，又會使出什麼伎倆？賣國政治人物也會介入嗎？這些都得好好防範。大家不要忘了，外務省已被親中派漢奸入侵！如果他們又有動作，我一定讓他們「好看」！

煩惱自我認同的年齡
這本書拿來當作她「即時」的歷史教材
再適合不過了
我相信 正如小林先生指出的
在正確了解台灣歷史的過程中
自我的認同也可得到答案
而且我很驚訝漫畫中描寫的台灣歷史 和我先生常提到的幾乎在價值觀上無多大差異
我先生經營一家小型建築包商 是普通的台灣人 他沒辦法有系統地為我介紹台灣歷史與社會狀況 但我發現書中介紹的東西和我先生平常說的吻合之處頗多
原本與台灣沒有任何因緣的日本漫畫家 竟然能投注如此心力 對台灣如此呵護 寫了這本書 在我看來真的是一個奇蹟
對於日台混血的孩子以及我這個台灣媳婦而言 本書是最好的禮物 內心實在無限感激
容我自我介紹 我出生於東京、在東京長大 家裡和一般日本家庭無異
和丈夫認識 是我在東京擔任日語教師的時候
我先生是所謂的「本省人」 但不是金美齡校長妹夫家那種社會階級的人 他是典型貧農出身 學歷只有國中畢業 也曾到日本工作
和台灣男性國際結婚的日本女性 大多選擇有錢對象 我們的情形 可能有點怪也說不定
我大學畢業 卻對台灣一無所知 即使周圍的人反對「幹嘛和無邦交國的人結婚？」 我也只能疑惑「為什麼不可以？」
不顧反對 我勇敢地嫁過來以後 卻真的對台灣完全不了解 所以剛來時 整天活在驚訝與困惑中 台灣人講什麼話？就連這點，我也不知道
剛結婚時 家裡沒什麼錢 生活很不習慣
不只一兩次 我產生了想逃回日本的念頭
我實在談不上喜歡台灣 但後來孩子出生 在當地就學 我也學會台灣話 膽量漸漸大了起來

11月7日，TBS的「新聞之森」與「新聞23」報導了韓國媒體故意把日本「捏造發現舊石器事件」〔譯按〕與「編纂會」相提並論的炒作新聞。報導中TBS記者說道：「『編纂會』宣稱，可用「天皇制」及「舊石器時代世界最古老文明可能在日本」這兩件事，強調日本史的獨特性，展開新的歷史觀」。這完全是抹黑報導！

在丈夫的親戚朋友、鄰居
孩子學校的老師、同學及其母親等
無數人支持之下，我們
一路走了過來 難以忘懷的是
同樣是國際結婚的朋友們
特別是嫁給台灣人的日本朋友
如果沒有他們的支持
我可能沒辦法撐到今天
而嫁來外國的我們
內心最大的支持力量
還是身為日本人的
驕傲
雖然和台灣人結婚 也生了
孩子 但無論如此
至死都是日本人
即使埋骨於此
我們還是一顆日本人的心
雖然彼此並沒有清楚講出來，
互相確認。
雖說同為台灣人之妻
是外省人、本省人還是客家人
背景有著微妙的差異
嫁到台灣的我們之所以喜歡聚在一起
我想也是因為我們想分享彼此不同族群的生活感覺吧
而《台灣論》讓我有機會重新認識
自己嫁來的這個國家有什麼歷史
相信此地其他日本朋友也會喜歡本書
我打算把這本書推薦給許多人
希望在日本的父親也讀看看。
如果我在日本平凡地結婚
忙於養育子女
一輩子大概也不會如此深刻地去認識、思考
自己的國家，以及自我認同的問題
我們這些嫁到台灣的日本人
不是※「多桑世代」，而是以
「平成新娘世代」身份 在此落地生根
同時今後也會經常思念我們的故國日本
附帶一提
我住在距離台北市中心
總統府
走路十分鐘的地方
小林先生迷路的餐廳
就在隔壁
事實上我很有機會
可以碰到您
實在非常可惜
當初沒有遇到你們
你們當時是否曾看到
有個家庭主婦
騎著腳踏車
前後各載一個小孩
而且用日語罵小孩？
那家聞名的小龍包店
也是我的
勢力範圍呢！
小林不是來過我們家附近了嗎？
為什麼沒來我們家坐坐？
你們是朋友嗎？
一點關係也沒有
結果被孩子們糗了一頓

〔譯按〕：2000年10月藤村新一宣稱在宮城縣上高森地方發現，60萬年前的舊石器遺址，轟動全球。但十三天之後，媒體卻拆穿此一騙局。原來，藤村發現的許多古物，都是他事先偷埋的。

※「多桑世代」指曾經歷日本統治時代的台灣老一輩男性。「多桑」即日語「とうさん」。

《國民的歷史》中如此寫道："這次發現的日本列島內的「原人」遺留的石器群，我想不能立刻斷言說這些人類就是日本人的祖先"、"「原人」的足跡是否遍及日本列島，坦白講，可說和我的人生觀無關"、"與日本歷史發展有關，主要仍是後期舊石器時代的繩文時代"。

不知是否因為孩子小時候
我一面餵他們喝奶時
一面讀《新傲宣》
「小林」這兩個字
早已被我們全家人熟悉
連兩歲的么兒睡前
自己想讀兒童畫冊時也會幫我取來
小林先生的《新傲骨宣言》
還請您多保重
繼續畫出好作品
留名青史
我和三個孩子
都會在台灣
繼續為您加油
謹此
2000年10月15日
O.A
這位讀者十三歲的長女
雖然在台灣出生長大
卻總覺得
「台灣人太隨便了」
很受不了
媽！
腳零的珠（兒語）
媽媽真好
可以光明正大地說
「我是日本人」
小女孩的自我認同
還沒定型
已經開始感受到
混血兒悲哀的長女
她的夢想是
將來前往日本
成為少女漫畫家
相對的，長男性格
類似父親
適應性很好
樂觀開朗
他的認同是
「我是一個媽媽是日本人的台灣人」
兩歲的么子
將來究竟會選擇
哪種認同的方式呢‥‥
相信
這個孩子
長大後一定會選擇「公」
不會一味地計較血統歸屬
住在台北的蘇明義先生
讀了《台灣論》之後
似乎非常喜歡，寫信來鼓勵我們
「沒想到這麼短的期間內
你就能對台灣了解這麼深入！」
如此鼓勵令人振奮！
他整理了非常仔細的圖表
一一說明他的看法
還為我們指出錯誤之處
我會仔細閱讀
好好加以參考
只是，台灣的祖父輩們
明明是親日的
日本的左翼人士裡
有些滑稽的傢伙
去了台灣
當老一輩台灣人
用日語跟他們講話時
據說他們的直覺是
「那些曾被日本殖民統治的人
要來抨擊我了！」

「編纂會」一開始就主張，對日本的歷史而言，60 萬年前的原人是否存在，根本不重要。我的《新傲骨宣言》應該也會如此主張，日本史不必從猴子的進化寫起；而文部省的指導綱領從猿人寫起，才有問題呢！但日本媒體卻隨便把我扣上"右傾"的帽子，意圖抹黑「編纂會」。

不能看清韓國歐斯底里的反日情緒背後真正原因
一味地被灌輸日本殖民統治全都是罪惡的觀念結果……
侵略
支配
這些內心的罪惡感甚至已嚴重到異常的程度的左派人士
他們前往台灣遇到親切地用日語和他們打招呼的老人竟然害怕地避之唯恐不及
是日本人吧？
救命啊
在台灣期間他們完全不講日語拼命隱藏自己是日本人的身份
一路上都只講英語假裝自己很高尚
他們自我麻醉地認為：「我就是這麼有良心的人」
然而我把這件事告訴蔡焜燦夫婦時……
夫人卻忍不住笑了起來說道：
那些人是不是腦筋有問題？
台灣的老先生們……
現在的日本人就是這麼回事啊
即使你跟他們說台灣人是親日的
他們也不敢相信
反而會自慚形穢地說
不可能的
我們理當被他們討厭
過度被洗腦認為戰前的日本無惡不作
於是產生了根深蒂固的強烈「罪惡感」
當然，造成這種狀況日本媒體也有責任
他們原封不動地接受中韓兩國甚至有點執拗的反日宣傳
然後拼命向日本國民宣傳
"日 역사 교과서
정·재·학
皇國史觀회귀 용납
「侵略」ぼかしの教科書検定
中国に続き韓国も批判
「将来の関係を憂慮」
日本教科書批判
近隣諸国の新聞論調
日本の言論界は良心発揮を
加害の視点大幅減に
中国外務省が不快感
韓国政府が「憂慮の意」
另外一種原因是日教組拼命在學校教育孩童對中國與韓國抱持「罪惡感」
這次的舊石器捏造事件韓國也有報導指出主要是「編纂會」等日本的右傾化現象所搞出來的
TBS
日本人有一種無意識的本能，也就是盡可能把自己的歷史美化 《朝鮮日報》
正是極右派的盲目觀念，創造出這種無恥戲碼 《中央日報》

譯按］：由右至左分別是oh Good town 噢，好城市）、Wo very delicious 哇，好好吃）、YA! Thank you very much 哎呀，非常謝謝你）

▲下段右起分別是2000年9月13日《每日新聞》、9月15日《朝日新聞》、1982年7月21日《朝日新聞》、同28日（將侵略誤報爲「進出事件」時的報導）

石原慎太郎都知事與吳智英先生特地針對《台灣論》的新聞廣告發表評論，讓我嚇了一跳。非常感謝。

像我這樣……
日本過去並不只是做壞事而已 我們對於戰前的日本 也應當有些自豪
……打算提出這樣的主張，就……
結果 日本從政府部門、外務省到媒體、學校教育都被中國掌控言聽計從
小林善紀是右翼份子！
……類似的宣傳一再讓大眾產生偏見 目的是要打擊我的信用
然而並不是完全沒有希望
相反的大有希望！
過去以「台灣」為主題的書籍一直被認為是「票房毒藥」《台灣論》卻一舉登上暢銷排行榜
社会
許多年輕人飢渴地閱讀
戰後持續五十多年左翼語言的洗腦空間已開始解體
年輕人大家都認真地在看
到底還有誰 願意永遠被左翼洗腦繼續窩囊、不得翻身!?
「右傾化了!」、「危險!」「軍國主義!」這種情緒化的指責已變成六十萬年前的舊石器語言!
只能視之為左翼學者自己埋下去又自己挖出來的化石語言
找到了是「右傾化」!
又找到右翼了!
左翼言語遺跡
一八九五年日本在甲午戰爭中獲勝簽訂馬關條約台灣被割讓給日本
日本原本是想幫助朝鮮獨立切斷清朝對朝鮮的影響力而戰的
馬關條約之中日本要求清朝承認朝鮮獨立 於是朝鮮國名從「李氏朝鮮」改為「大韓帝國」

李登輝先生，讀者的迴響非常熱烈哦。特別是年輕的日本人，增加了許多親台派。後面我會選一些讀者來信刊出。

然而，因為俄國霸權意圖染指朝鮮半島日本便於一九〇四年發動日俄戰爭
得到勝利之後成為日本的保護國因為大韓帝國無力自保獨立
儘管台灣與韓國都曾受日本殖民統治
為什麼台灣人親日韓國人卻反日？
各位了解其中的原因嗎？
我想先做個報告韓國的老一輩們目前還在靜觀情勢發展
他們至今仍無法講出自己內心真正的感受
然後一九〇一年
日韓合併
日本忠實地遵守國際法並獲得俄、英、美國的承認
韓國國內也有會員達百萬人的「一進會」提倡「合邦論」
因為有一批左翼運動家他們巧妙地煽動韓國人的反日感情試圖以此補強日本國內的左翼言論市場
我想這些人才是真正對韓國失禮的人
台灣在民主化之後言論獲得自由台灣人馬上著手客觀回顧歷史的工作
現在台灣的歷史教科書對於日本統治時代有相當正面的評價！
経済の発展
経済発展の基礎の確立
第1節 教育と学術の発展
公学校を主とする教育施設
米の増産と糖業王国の確立
農業改革のもとで
工業化の進展
遵法精神の確立
近代的衛生観念の確立
時間厳守の観念の養成
制度を台湾に導入し、
我可以驕傲一下嗎？
依我看，果真是「恢復言論自由」沒有被「中華思想」洗腦的台灣才值得相信！
大家應該多認識、徹底了解「台灣」！
小林よしのり
台湾論
SPECIAL
「戦争論」から2年、またも騒然の書、発刊!
「日本人」とは何か!

◀日語版《認識台灣》（雄山閣出版）

《台灣論》令我邊讀邊感動。十幾年前，我曾因為先生工作的關係，在台北住了半年。這樣的因緣際會，我對台灣各方面才有更深的認識。台灣人講的日語之美與心地善良，令我久久難忘。現在，已經就讀高中、國中的兩個孩子，幾乎不記得曾在台灣生活的事情了。但即使到今天，我還是會提醒他們，「當初你們發高燒，媽媽急著找醫院時，幸好有善心人士帶路，還有素昧平生的人讓我們搭便車。這些台灣人的恩情，你們一輩子都不可以忘記！」

我們一家人都是《少爺》的迷哥迷姊。其實，我也是搬到台灣之後才知道，《少爺》裡面出現的「通掛聞造先生」是真人實事。當我人生地不熟、言語不通而徘徊台灣街頭時，幾乎每次都會有老一輩台灣人用日語關心地問我是否需要幫助？「不得了，原來真有其事，不是虛構的」，我們終於發現，《少爺》裡面看起來荒唐無稽的角色，其實都有很深的含義。

《台灣論》值得討論的地方還有很多。若不介意，容我以後繼續與小林先生筆談。

(埼玉県/N·M)

新傲骨宣言
SPECIAL
第131章
我對無黨派的市民主義有異議
我就讓他變成在熱鍋上跳舞的貓
燙！燙啊！
哎喲喲
好燙、好燙……
這種老板真壞！
我要聯合在野黨把你拉下來啦！
但是 我不想離開本黨
畢竟如果我出走也不會有人追隨
經由網路調查發現日本國民對我相當支持
百分之百必勝！
漫長的連續劇就要展開了——
啊啊啊……

本書用語解：「市民」＝政治上有所覺醒並（好像）參與政治的人。「大眾」＝被媒體操控、一派評論家面孔的群眾，以及在輿論調查、支持率之中出現的愚民，也就是思考不深入，卻又熱衷的傢伙。「庶民」＝認真工作、生活的小老百姓。

給您增加麻煩了
我這一切都是為了黨著想
幹事長你沒有感到不快吧？
幹、事、長！
自民黨內左派的加藤意圖政變
卻硬是被野中壓了下來
這兩個人不都是親中派嗎？
這些沈溺於戰後價值的「保身主流」
根本沒有膽量徹底重組政壇
日本選民之所以出現「厭惡政黨」的現象
絕不是因為他們喜好無黨派或喜好某個人而已
而是因為政治人物墮落 不以「理念」結合
現在日本的政黨都只是以「社會關係網路」結合的庸俗的烏合之眾
森喜朗政權的支持率偏低 許多人說這代表國民對其「不信任」
支持率這種東西簡直就是狗屎！
日本は天皇中心の神の国
我在街上問路人「森首相哪點不好？」
「他失言太多」
聽到的都是這類的理由
然而這難道不是媒體拼命誇張報導扒糞的結果嗎？
低支持率難道不也是媒體操縱社會大眾形成的嗎！
野党一斉
最近我反倒覺得 森首相有意思
他指出 日本是個「神國」
「教育基本法」修訂時 他堅持給予「教育勅語」正面評價
雖然鼓吹「IT」 他卻連電腦都不會用
總之 他是一個頗有古風的老好人
連自民黨內都有人說 下次選舉若還是森首相當家 就鐵定完蛋
這種說法令人憤怒

正如本人所編《有一個「編纂會」的運動》介紹的，小山孝雄參議員熟知教科書問題，歷史素養紮實，提出問題都很精闢。我們不應被那些高知名度的明星、文化人所惑，而忽略了如此一步一腳印、踏實的有識之士。

不信任案失敗
明朗化之後發生松浪議員向台下潑水事件時
他指著台下混亂的場面
輕鬆而笑
正顯示出……
此君乃性情中人
即使為了下次參院改選
把森首相拉下來
備位人選也只有
軟弱無力的鴿派河野洋平而已
同樣的 在野的
民主黨人士
也都是一群
喝了滿肚子
戰後民主主義
奶水的
「乖乖牌」
如果未來日本
政治中樞由他們掌握
我實在不能不
感到憂心
如果沒有
親中派、
主張否定戰前日本、
持有自虐史觀的野中
森首相應該
幹得不錯。
然而……
這些「乖乖牌」
標榜著個人主義
卻完全被「理念」全然不同
的人控制
被奇怪的言論主張所
淹沒
他們完全沒有脫身、
逃離的決心
也沒有打破這種框架的
勇氣
他們的「公」
從頭到尾就局限在
「黨」的框框中
「為國奉獻」
這種層次的
「公」的意識
不論執政或在野黨
日本的政治人物
一概沒有！
至於媒體 則把宣稱是
「超越政黨」、
「無黨無派」的人
塑造成「清廉候選人」
的假象
不料被媒體
欺騙的的社會大眾
對這種「無黨派風潮」
只有
傻傻地呼應、叫好
但真正必要的
是出現一個
擁有共同「理念」的
「政黨」
在「修憲」問題上
政界若立刻重組
是最好不過的
如此一來
自民黨與公明黨
就無法沆瀣一氣了

●真叫人受不了！只因為森首相說「憎其罪，不憎其人，我對松浪議員深表同情」，在野黨又找碴、交相圍攻，指責他「失言！」簡直就是混混行徑！赤松與元也真是的。這種就只會抓森首相小辮子的行為，是集體式、歇斯底里、集體式動私刑！

大月隆寛在《產經新聞》「斜斷機」專欄有關田中其人的文章，寫得真好。我完全同感！田中早已將媒體玩弄在股掌之中。反正左派媒體絕不會批判田中，只有《產經新聞》與《新潮》略可期待。提到石原慎太郎時，媒體都正面圍剿；提到田中時，則背後給予支持。這正是一種法西斯主義！

難道我們的政治人物打算永遠保持這種沒有「理念」的要死不活的狀態繼續讓選民覺得連去投票都步伐沉重嗎？
提到政治話題我就附帶一提吧
田中康夫我不認為他是那麼「好」的人
他既有縣長的權力又牢牢掌握媒體權力眞是如虎添翼
如此高招確實不是鄉下官員能與之抗衡的
據說他想成為市民的代表並為官僚們提供如何當好人的範本
如果說時代的宿命是職業玩家必定被業餘玩家打敗那我也沒辦法
那只能全體「素人」都成為「政治覺醒的市民」罷了。

然而今年度國會在必須完成「補正預算」〔譯按1〕的重要程序時期對發動政變的加藤〔譯按2〕鼓掌叫好的民眾算得上是「政治覺醒的市民」嗎？
還是一群愛看熱鬧藉此發洩壓力的烏合之眾而已？

比如，我對於國會這個會期由自民・公民・保守三黨提案準備通過的「公寓管理適正化法案」頗為關心
反正早就看穿加藤不可能脫黨所以對於媒體與大眾如此吵吵嚷嚷的鬧劇早已令人厭倦
真正對政治關心的「市民」，可沒有空隨媒體跳舞

〔譯按1〕：即「追加」、「修正」預算。

〔譯按2〕：2000年11月初，執政自民黨前幹事長加藤紘一要求森內閣內下台。但眾院召開大會處理「內閣不信任案」前夕，加藤又抽腿，使倒閣案破功。

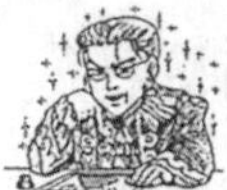

自民黨的判斷大錯，他們沒想到，即使游離票之中也有保守人士。他們太膽小，擔心沒有組織票就無法取得政權，反倒漏失了許多保守選民。而野中、加藤、河野等人，竟然比沈默的大多數選民還左傾。真是「頭殼壞去」。

眼前老舊不堪的公寓不斷增加 與公寓管理有關的糾紛層出不窮
小生的父親也受不了公寓管理不上軌道 因而化身為「市民」和管理業者據理力爭
並對公寓居民發出警告
他製作了傳單以及陳情海信箱 試圖提高居民的意識 但是沒有人對公益有興趣
管理 苦情ポスト
不僅如此 還批評家父 說他是多管閒事的糟老頭
漂亮地上了色的陳情信箱 卻連一封陳情的反應也沒有 你也幫幫忙吧
好，我了解了
被家母如此拜託 於是我回福岡時 偷偷在陳情信箱放了一封信
看到這封信 爸爸一定會感激涕零～
老伯伯 你為我們的公寓如此盡心盡力 真是令我感激 大家都罵您是糟老頭 但我看得很清楚 也非常感激您 不要死掉哦
公寓是所有居民的財產 大家都應當覺醒 不可把管理的責任交給他人
這就是家父的主張
正因為太多人都成為懶惰的「庶民」 如果沒有人「專業」地投入 恐怕就很糟！
目前國會正在研擬 設置「公寓管理士」國家資格的相關法案
法案中 將管理業者的登錄工作義務化 希望這個法案通過
我可沒有空 整天看著無聊的政變遊戲 以此解消壓力
這是很正確的看法。但可惜的是
眼前的我 也變成了 把管理責任交給部分覺醒「市民」的「庶民」
不過，我還是衷心感謝那些熱心的「市民」……
「公寓管理適正法案」對於所有住公寓的人而言 是非常重要的法案
然而 日本的公寓居民是否都知道 執政黨三黨提出了這個法案？

田原總一朗等人掌握電視媒體，不斷破壞日本政治，讓情勢更混亂。許多政治人物拼命在電視上玩把戲，報紙與週刊雜誌不僅沒扮好監督角色，反倒扯後腿，跟著起鬨。話說回來，這些人物之中，元很愚劣；民主黨的枝野，最近面相愈來愈差。

我們的社會大眾幾乎都是對於國會正在審什麼法案通過了什麼法案完全漠不關心的「庶民」
政治上覺醒的「市民」經常是少之又少
大家都沒有時間成為「市民」吧？
阪神大地震之後田中康夫曾邀請我前往擔任義工
但我拒絕了
我還要養好幾個員工有什麼理由必須空放著「專業工作」不做
去當一個「好人」？
當時我好不容易湊到百萬元捐了出去
但即使如此 左派的田中是否還是像兩伊戰爭時一樣信口主張「只出錢是不夠的還得流血才行」
後來，我看不慣被拉去參與「愛滋藥害」運動的年輕人因為無法退出運動而苦惱 以及「民青」等左翼組織拼命想吸收他們的惡行惡狀而出面呼籲學生「你們應勇敢地回歸正常！」時，卻受田中批判
別胡鬧了！我可沒說「愛滋藥害運動已經結束」
結果 我的拒絕被他記恨在心後來田中批評我：「不了解災區卻在東京瞎忙一通」
田中康夫の
ニュース快説！
田中說，愛滋藥害運動還沒有結束因為淺田彰與坂本龍一都還持續關心（譯按）
我只說過「我沒辦法繼續濫情」而已

▲UNO！97年3月号

〔譯按〕：淺田彰任職於京都大學，是日本思想界領袖人物之一。坂本龍一則是聞名國際的作曲家。

我的用語解說：「市民主義者」＝以為自己在政治上覺醒，做「好事」，便強制別人、批判別人不做「善事」，卻不許別人批判他們的人。這些「市民主義者」大多很閒，想成為「善人」，卻誤以為自己政治上已覺醒。除此之外，左翼運動家也有不少偽裝成「市民」的。

我可不會只為了成為「善人」而從事愛滋藥害運動
相反的 我寧願扮演「黑臉」角色
如果在濫情高昂的時候 我甚至激烈地想要向厚生省進行恐怖行動〔譯按〕
天誅
我最討厭像田中這樣的「市民主義者」
自我催眠說自己是善人卻喪失「他者」的感覺
史達林不就是這樣嗎！
總之 我不想沽名釣譽 只是自掏腰包而搞運動 也弄到脫離常軌 這樣該可以了吧？
田中經常吸引媒體注意用攝影機的鏡頭脅迫官員
這種手法在我看來和奧姆真理教徒用攝影機偏向採訪「他者」的做法如出一轍
沒有公權力的奧姆信徒唯一仰賴的權力大概就是把攝影機當作「自己的媒體」吧
但實際上最恐怖的還是真正掌權者與媒體聯手的狀況

〔譯按〕：「厚生省」是內閣主管醫藥衛生、社會福利的部會。

雜誌《Sunday每日》曾推出「問題教科書的可怕內容」專文，簡直就是意圖抹黑我們。其他還有「出版勞連」（出版界勞工聯盟）的俵義文，也是「反日人士」。這些人都自以為代表正義，露骨地破壞教科書的審查規則。反正教科書也可上市販賣，你們就拼命宣傳吧。

在日本
大多數電視與平面媒體
都是如假包換的左翼
而在自民黨的政客
與外務省部分官僚之中，
竟然
也持續左翼化
如此一來
權力與媒體
就更有可能
容易地攜手合作了
外務省
眼前
顯然國家權力、媒體
甚至日教組
不是都已沆瀣一氣
形成了針對
「編纂會」的
包圍網嗎？
外務省
石原慎太郎與
田中康夫的差異 可以這麼說
作為政治的有力人士，
石原很守本份
扮演 政治有力人士應有的
角色
就像老師站在講台上一樣
只要他這麼做
萬一掌握絕對權力而
腐敗時
大家就能看清楚
因此可以安心
反之
連應予反抗的對象
在哪裡 都不知道
並且喪失講壇，
躲在玻璃屋
的母性法西斯主義
才是最可怕的。
我可以驕傲一下嗎？
無黨無派的
業餘「市民」主義
我不敢相信他們
按理說
政黨應當在「理念之下結合」
並尊重大多數
沈默的「庶民」意見
政治人物不應
一味地在乎
支持率！
「庶民」更不應
相信什麼媒體！

第132章
在李登輝學校學習
新
傲骨宣言
SPECIAL
二〇〇〇年 最令我震驚的消息就是徐若瑄竟然被月之海樂團的成員把走了
根據演藝新聞報導兩人還曾在台灣約會
我又何必費了這番力氣 拼命完成《台灣論》？
當、當然 我畫這本漫畫的動機絕對不是心思不正，意圖－－「如果畫得好，搞不好會被徐若瑄感謝甚至收到她的信表示願意與我深度交往……」
老實說 徐若瑄的臉龐 她的活潑以及美妙身材……她全身沒有一個地方，不是我喜歡的
坦白講，我真的很惋惜也不想否定、隱藏我心中的懊悔與難過
我必須坦誠實在沒有這種餘暇但事到如今 我只有表白一途
一想到這裡 真是慚愧不已 儘管如此徐若瑄嫩雪白的乳房以及粉紅的乳頭還是令我……

《新傲骨宣言》1・2卷出文庫本了(小學館)。金色的封面很酷、很好看。謝謝你鈴木成一,你做得很好。我非常喜歡。而且,尺寸比其他文庫本大,容易閱讀。讀者之中,中學生愈來愈多。確實,這本書每個人的書架上都該擺一本。

吵死人了——!
胡言亂語、夢話說個不停——
真是太難看了!
好痛。哇~~
正經一點!
你正經一點!
正經一點!好嗎——!
饒命啊金森~~
十二月四日與五日連續兩天我前往拜訪李登輝前總統
這是《台灣論》完成後再一次的見面
李登輝先生把我送給他的讀者來函看了一遍。
各位!偉大的李登輝前總統正在讀你們的信喔!
有一個讀者來信指出日本正出現地殼變動的狀況
而他已漸漸拾回了自信
不再拼命說自己國家有多壞
這本書你知道嗎?
山本七平的《日本人論》水準最高
這是谷澤先生所寫的的解說……
請你看這個部分
很有趣
山本七平……大概就是日本的以賽亞〔譯按〕吧……

譯按〕:Isaiah,西元前八世紀希伯來的預言家。基督教舊約聖經有相關記載。

關於「自我義認」，我的看法是，罪人被神認可其正義，稱之為「義認」或「聖化」。總之，沒有人可以往自己臉上貼金，說「只有自己最率真、正直」。若如此做，便是令人不敢恭維的偽善者。

戰後許多日本人認為，現在的自己是正確的
戰爭時的自己 則是錯誤的。
他們自我反省與批判的方式變成──
「現在的自己是正確的；
從這個正確的自我來看，
過去的所做所為，都是錯誤的」
也就是，這些反省批判，根據的都是當下的「自我義認」
沒錯、沒錯 那些激動地叫囂 「戰前我們犯了錯 應該謝罪！」的傢伙 立足點都是 「現在的自己是正確的」
沒錯 這已經成為 一種 「日本教」
日本年輕人之中，特別是女性 非常關心台灣 他們的來信也寫得很認真 後悔過去一直都沒有 這樣的認識 剛剛小林來之前 我吃了便當之後閱讀 覺得很有趣 我想拿回去給內人閱讀
過去全部是不好的 應加以否定 這就是眼前的日本 罹患的疾病
有位 《台灣論》的 年輕讀者 來信中也指出 大家從小就被教導 日本有多壞
學校教育根本沒有 好好地看待過去的歷史
結果 隔天我們 前往李登輝先生 家裡拜訪 據說曾文惠女士當晚 讀那些信件 一直到清晨四點
雖然現在看起來精神還不錯 不過我記得報紙說 李登輝前總統曾做過 心臟手術
我也嚇了一跳 三條主要血管 全都塞住了 也就是說 血液幾乎都 透過毛細血管輸送
這方面的醫學技術 日本某醫師是超一流的！ 如果想做這方面的治療 我只有前往日本 如果不行 就請醫師 來台灣看診
李登輝前總統表示 他從日本買了相關 醫學書籍自修
他針對自己的病 所了解的 醫學知識
甚至足以與醫生深入討論 他徹底地主動出擊 絕不被動
目前李登輝先生 熱心從事的工作之一 就是增加 台灣原住民的 自信心

森喜朗政權其實相當好！町村的文部大臣幹得不錯，高村也令人刮目相看，扇千景口才一流，田中真紀子則不提也罷。森首相與暴力份子合照？多管閒事，各種人都跟我合照過呢！我管他是誰！？
我昨天去了教會 打算為原住民組織一個勞動協會
原住民很窮 我在想如何提高他們的生活水準
也得想辦法阻止有些原住民把女兒賣到妓女戶這種事情繼續發生
我打算和他們簽契約
不可賣女兒而應讓孩子受教育
為此我每年得幫他們支付一些學費…
為了教導他們人權 我去了他們的教會
一定要給他們自信
給他們教育 讓他們工作
得想辦法讓他們過得更富裕
台灣原本就是原住民的 我們都是之後移住過來的
李登輝先生很認真地思考著少數者的人權
和在西藏與新疆地區實施種族淨化的中國的江澤民相比 簡直有天壤之別
聽了李先生關於日本的ODA的話 我不禁也擔起心來
我和達賴喇嘛是好朋友 他曾對我說
看樣子 日本等於在幫助中國進行種族淨化
特別是大陸正大力推動西部開發 我覺得日本絕不可出錢相助
現在的西藏漢人可能已經比西藏人還多…
如果中共繼續開發西部 大量漢人移入 當地的情況會更糟
日本即使提供ODA金援 也必須附帶條件 防止資金流向西部開發
ODA這件事真的會成為很大的國際問題！
確實 世界各國都不贊成日本這麼做

《你認為自己知道嗎！？》這節目徹底揭發了蔣介石的惡行，卻完全不提毛澤東與中共的罪惡，不講國民黨到台灣之後屠殺台灣人的二二八事件。原本就是附和中國所謂「分裂中國」的論調，以根本忽視「台灣人」的存在。而且竟有蛋頭學者突然出現宣稱「日本最壞」。接著又故意忽略水扁總統「未來的一個中國」主張的真義，加以扭曲，把台灣人全都塑造成希望統一的假像。真是胡作非為的傢伙啊！

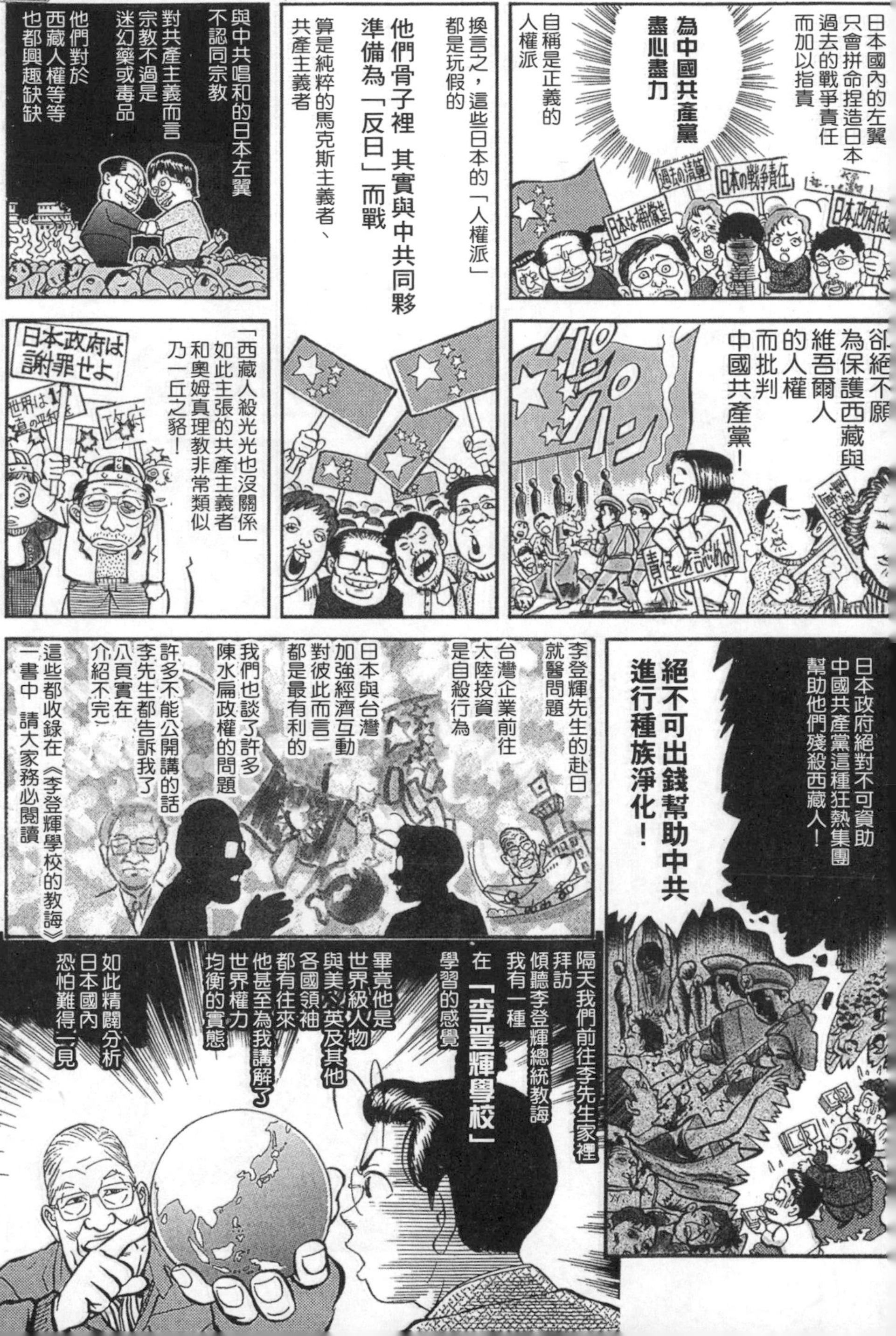

日本國內的左翼只會拚命捏造日本過去的戰爭責任而加以指責
日本政府は
日本の戦争責任
過去の清算
為中國共產黨盡心盡力
自稱是正義的人權派
換言之，這些日本的「人權派」都是玩假的
他們骨子裡 其實與中共同夥 準備為「反日」而戰
算是純粹的馬克斯主義者、共產主義者
與中共唱和的日本左翼不認同宗教
對共產主義而言宗教不過是迷幻藥或毒品
他們對於西藏人權等等也都興趣缺缺
卻絕不願為保護西藏與維吾爾人的人權而批判中國共產黨！
パン パン
日本政府は謝罪せよ
政府
「西藏人殺光光也沒關係」如此主張的共產主義者和奧姆真理教非常類似乃一丘之貉！
日本政府絕對不可資助中國共產黨這種狂熱集團幫助他們殘殺西藏人！
絕不可出錢幫助中共進行種族淨化！
李登輝先生的赴日就醫問題
台灣企業前往大陸投資是自殺行為
日本與台灣加強經濟互動對彼此而言都是最有利的
我們也談了許多陳水扁政權的問題
許多不能公開講的話李先生都告訴我了
八頁實在介紹不完
這些都收錄在《李登輝學校的教誨》一書中 請大家務必閱讀
隔天我們前往李先生家裡拜訪
傾聽李登輝總統教誨 我有一種
在「李登輝學校」學習的感覺
畢竟他是世界級人物 與美、英及其他各國領袖都有往來 他甚至為我講解了世界權力均衡的實態
如此精闢分析 日本國內恐怕難得一見

藤森在中南美的秘魯，必須一面對抗恐怖份子，一面施政。然而悠哉地生活在安全受到保障的日本、在玻璃屋中、從事「曝露政治」的傢伙，有資格要求藤森「滾出去」嗎？藤森真的做了什麼犯法勾當了嗎？可以這樣隨隨便便認定他是罪犯嗎？

我沒辦法詳細向小林先生您說明
但國際政治就是如此
所以請您安心
因為這些繁瑣的工作
與我的工作有關
但小林先生不必客氣
想談什麼就談什麼
這樣才有趣
確實沒錯
因為我們扮演的角色
不同
喔……
原來如此……
有時候該
使出鞭子！
我還是會出手的！
但有時
也會慎重地
調整關係
有的人就完全
不了解政治！
李登輝先生翻開舊約聖經
以西結書三十七章 讀到其中
有關枯骨復生的記載
很明顯的
他愈讀
愈精神愈振奮！
溫和的人格背後
李先生擁有
超過本身容量的
熱情 而他大概也了解
自己的使命還沒結束
台灣的媒體
幾乎都掌握在外省人手中
有很明顯的拜金主義傾向
台灣人因為注重
眼前的經濟利益
受大陸磁場吸引
立場不夠堅強
說不定就是因此 才無法
了解李登輝先生的偉大
李先生是
百年難得一見的人物！
說明白一點
只靠民主主義這種制度
根本無法產生如此偉大的歷史性人物！

《朝日新聞》針對松井yayori（參照7卷・83章）等人組成的「女性國際戰犯法庭」，連日大加報導，但那稱得上是「法庭」嗎？不在贊同他們主旨的誓約書上簽名，就不准旁聽，更不許提出相反意見，全憑慰安婦指稱的「日軍性奴隸制度」而批判日本。這簡直是一種「黑箱審判」（《產經抄》12/12）《朝日新聞》可以這樣把私刑劇當作「審判」報導嗎？這就是《朝日新聞》所謂「人權」的真面目。根本就是「黑箱審判萬萬歲」、史達林式的人權。反正這些人根本就是無自覺的共產主

要回國那天早晨意外地在睡夢中接到女性的電話……
喂…喂…是小林先生嗎？
？是徐若瑄？
不…我是那個O.A《新傲骨宣言》曾刊載我寫給你們的信…
喔 是那封信的…妳打電話來是…？
我買了一盒這裡百年老店的鳳梨酥放在飯店櫃台…
謝謝你。可是，你怎麼知道我住這裡？
原來O.A女士透過活躍此地的日本女記者知道我訪台的狀況
好 我下去 請稍等一下 我換一下衣服
抱歉 這樣做好像跟蹤狂…
哪裡？哪裡！我也有事想請教您
我立刻打電話給寺澤與金森 寺澤相當震驚 以為來了中國刺客
下到大廳時 金森已經和O.A女士聊了起來
負責企劃的寺澤卻最晚到 這傢伙真可疑… 不知道是在怕什麼？
猜疑心
對不起 我剛上了大號 所以…
我們請O.A女士帶我們逛台北街頭 一面聽她講此地的生活狀況
她對這個國家的大小事情都知之甚詳
比如 外省人有什麼樣的想法
還有 市容逐漸現代化 中國式「自私」的做法被排除 公共性漸漸恢復過來 這些過程發生的事情她都了解」

我打算把「李登輝學校」的教誨，加上自己的解說，傳達給年輕人知道。
O・A女士雖是日本人卻和台灣男性結婚在此地生育孩子已有13年之久所以能正確掌握這個國家庶民的生活實況
和她聊天發現 正如信中所顯示的她是個充滿知性的女性
我一開始有種猜疑心懷疑自己是不是被一小部分台灣獨立派人士利用？於是便一路仔細觀察台灣
台北市有許多外省人北京話在此勢力很大
外省人的自我認同在於「中國」同時有些看不起本省人
然而他們完全不想回到大陸定居
台北
南部方面幾乎都是本省人講台灣話的很普遍
台南
獨立派人士也多得多
台灣全部人口大約有八成是本省人其中五、六成傾向獨立其餘有的因為經濟利益的考量傾向統一
日本方面左翼人士立刻把我扣上帽子說「小林變成李登輝的宣傳漫畫家，被利用了……」
日本左翼人士因為立場親中、親共產主義、親種族淨化當然要討厭「中國之敵」李登輝
我可以驕傲一下嗎？
我對軍事大國、霸權主義、沒有言論自由的「中國」深具戒心並且討厭共產主義 所以和李登輝先生立場一致
台灣的外省人與日本左翼人士有相似之處
兩者都掌握大多數媒體且立場親中
所以今後我的敵人就是媒體

作者與前總統李登輝夫婦合影

新傲骨宣言 SPECIAL
第133章
重視名片的「社會」培養得出「個人」來嗎？
我沒有名片
不 應該說 我沒辦法再用名片
事情的起因是 我和奧姆真理教的青山律師交換名片後
我的辦公室、住宅附近就有可疑人物徘徊
我開始被跟蹤 這顯然是一項暗殺計劃
即使看人給名片 也無法保證這張名片不會被其他人看到
一旦住址被知道 就有許多人來請託 也有恐嚇信 甚至信封裡面放子彈
信件多得要命 連信箱都裝不下⋯
我根本來不及回信 久而久之
連信的內容都忘記了
所以 我已經變成一個失禮之徒了

本章內容參考的文獻有《「社會」是什麼？》阿部謹也（講談社現代新書）、《教養論》（常識教養論筆記）淺羽通明（幻冬舍）。不過，畫了一、二次之後，發現讀者不容易理解，不知道這次能否讓讀者看懂？

事實上最近 我接到警告 說有人準備 對我不利 要我小心
所以 現在我可沒辦法 繼續悠哉地發名片 把自己的住址電話 告訴別人
反正 除了「漫畫家」之外 我也不希望有 其他頭銜
而且「漫畫家」的頭銜 嘴巴說說也就可以了
不過 沒有名片 還是很麻煩
在日本 不過遇到誰 都會遞名片
台灣也是一樣
只有我不給名片 好像很失禮
這就是我們的「名片社會關係網絡在擴張中」
不給名片的人 甚至會被認為傲慢
日本人初次見面時 不會想了解對方的 人格、知性、興趣 乃至於個性與實力
而會重視對方的社會地位、畢業學校及出身地 在乎對方屬於哪種「社會階層」 如此才能安心
為此目的 名片可說是 非常方便的「社會地位」確認卡
在上一個世紀末 有人這種「社會地位」確認卡折毀 許多日本人 生氣地指責：「真是失禮！」 太可笑了！
日本人 工作時常會追求、建立「社會」關係 網絡以此 擔保自己的「信用」
有愈好的關係 網絡 就職時會 更方便
我在日本也算名人、是暢銷排行榜常客作家 我想在「社會」上，我既有收入 工作成績也不差 然而……
連租個公寓 房東竟要求我提出「保證人」 否則就不租給我
保証人
這就是日本「社會關係網絡」霸道之處

「交換名片」是日本特有文化，和歐美人士見面交談、溝通彼此想法的禮貌全然不同
總之，給名片代替交談，已成為日本人常態，也使這種人際關係網絡模式，成為每個
本人根深蒂固的印記。

日本人並不重視普通的社會性評價
他們在乎的是自己的人際關係網絡
這才是他們的「信用」所在
也就是日本人重視個別人際關係而不重視社會普通價值
這和西歐人截然不同
我不想聽那些特別是有些國立大學及都立大學的教授放言高論：「我才不希罕什麼〝公〞」
甚至說「個人至上、個人優先」
幼稚啊、幼稚、幼稚！
這些傢伙可是我們繳稅養的「公務員」哪
竟然得了便宜又賣乖？
我常看到假裝自己是「個人主義者」而批評我的知識界人士真是可笑之至
那些對國旗與國歌不尊敬的「縣長」（譯按：指田中康夫）
以及號稱後現代學者的「京都大學助教授」（譯按：指淺田彰）
這些人既有「頭銜」又有「社會地位」卻拼命對我說「根本不需要公」「國家已經『畢業』了」
真是瘋言瘋語
不要躲在「社會關係網路」優沃的巢穴中 有膽量就跳出來以「個人」的身份較量輸贏！
還有自稱為民族主義的「大學助教授」意圖成為言論界大哥大
這傢伙宣稱「小林善紀是冒牌民族主義者 我才是真品」
說話如此不知羞恥難道是因為連大腦都塞滿脂肪的緣故嗎？
你們要自稱「元祖」或「本家」都請便啦！
関西大学講師
東京大学教授
奸
朝日新聞社
赤化小児
早稲田大学
TBS報道局
御抱中共
共同通信社
加害報道
一橋大学教授
丸楠棒礼

完全接受「交換名片」這種日本的獨特習慣的人，竟然反對我「公」＝「國」的說法，真的很奇怪。不然，「公僕」裡面的「公」又指什麼？反正他們把語言弄得支離破碎，隨隨便便，自以為是。

在西歐「個人」指形成「社會」的單位
然而在日本是否有人能心胸寬大地拋棄社會網絡而「個人在整個社會的存在價值」？
沒有可歸屬與依靠的社會關係網絡這樣的「個人」要生存很不容易啊！
我想先說明一下我們畫漫畫這行真的全看真本事
不能每次都獲得讀者認可 銷售領先就可能被踢出去
換言之 作品不暢銷不會有出版社邀稿畫不出好作品就只能等著「出局」
已經出局的漫畫家不計其數
漫畫家這種行業不可能靠社會關係網絡生存
靠「關係」是找不到工作的
即使靠交情拿到出版機會如果沒有實力還是無法暢銷
不分新人還是老手
這裡沒有「年功序列（論資排輩）」
「頭銜」也沒有任何意義
只要畫出超好作品即使不必到處發名片編輯還是蜂擁而至讓你苦於應付
不過我認為 即使出版社不來邀稿想畫什麼就畫什麼作品完成再拿去出版社推銷即可
只要自己判斷作品可賣錢、或是出版社認為有出版價值盡可能有利於作者的優厚條件來出書就可以了
所以平常我連出版社的派對都不參加
我不需要拉攏什麼人情關係
要真有時間不如和女人約會
出席
欠席 致します
小林よしのり

「社會關係網絡」（日文為「世間」）執行編輯說這個用語太難了。那就換成「關係路(comection)」來思考就行了。確實，我可能太不了解「社會」了，既不知道什大學好，也不知道哪家企業受歡迎，我就是如此平凡哪。

出道七五年之後
突然大暢銷
曾經銷售墊底
曾連載到一半
被砍掉
也曾大受好評
讚聲不絕
被批判、被侮辱
的情況也有
也發生過自己甩掉
雜誌的情況
總之 遭遇非常豐富
所以 我已經看開了
說不定我是
徹頭徹尾的
個人主義者
日本企業界人士
通常需要「名片」
名片可以製造
信用的「社會」
可以簽約，擴大營業
但是作家、
藝術家等，
原來就並非如此
只能靠真材實學
獲得生存
然而
在文字工作者
當中
還是有人
靠「關係」
吃香喝辣
只要與編輯熟識
即使作品風評不佳
還是能連載
也有人自居文壇或論壇權威
執「社會關係網絡」牛耳
凡是自己不喜歡的作者
都被踢一旁
有些躍居文學獎評審，
從此一帆風順
作品一得獎
權威主義性格的大眾
即奉之為聖經大舉暢銷
芥木賞
会社員
大増刷
在如此環境下
即使只寫過一本
銷路不佳的作品
無能的小說家
只要有才能去
拉關係，就能
吃遍社會
有人無甚才華，只擅長表演
卻也選上了縣長
殘喘苟活
即使我曾獲頒
「小學館漫畫獎」
卻無任何權威
與商業利益
只有一本作品
銷路的漫畫家
四年之後
消失無蹤
自此生死不明
由此可見 漫畫家這行
權威主義完全行不通

《週刊現代》宣稱森首相與黑道份子合照的照片，結果證明是栽贓！坐在森首相旁邊的男子，其實是喜歡與名人合照的關西某不動產業人士。然而電視已大幅報導這則消息，《週刊現代》還是沒有更正啟事。這不是明顯的媒體迫害、侵犯人權嗎？

我並未主張破壞日本人的「社會關係網絡」
過去這種「社會關係網絡」對於形成社會中間共同體有重大貢獻
年輕人或許只有學校、社團及朋友等「社會關係網絡」
但成人後會加進公司、公會及太太的朋友、同學會、學閥、派閥、學界、業界等等多樣化的「社會關係」
相較之下，自己的「小社會關係」會比整個社會的比重更大，思想與行動都會盡量配合這種「社會關係」
因為不想讓自己「失面子」就得忍受這些人際關係的「同調壓力」的增高（譯按）
在這種人際關係的「中層架構」之中，所有成員會自然產生共通語言、秩序與常識這樣的「共同標準」有時會阻止人們特立獨行……
也會造成光是意識到他人的意見、他人的眼光，而凸出者則會被扯後腳或遭到排擠
有一次北海道的JC（青商會）辦活動邀請我去演講
教科書問題當天準備聽講的會員及家長們紛紛接到北教組織相關人士的電話
小林善紀是右翼 去聽講會被右翼洗腦
對方顯然在進行遊說工作
結果 當天有接近八十個家長缺席
日本人不會以「個人」的立場來判斷
絕大多數人只是根據「社會關係網絡」作判斷
左翼勢力的老套是這種「別讓別人以白眼相待」的建立偏見的伎倆
這是非常典型的「日式」作風

譯按〕：「同調壓力」指日本人被迫與同儕、親朋好友或所屬團體成員採取同樣行爲的壓力。

《週刊現代》有關「森首相與黑道有來往」的說法，顯然是先入為主的邪見。也就是
定政治家的人際網路一定牽涉黑道。這正是一種「利用社會關係網路的攻擊行為」（
文為「世間攻擊」）。左翼人士常施展這種伎倆。

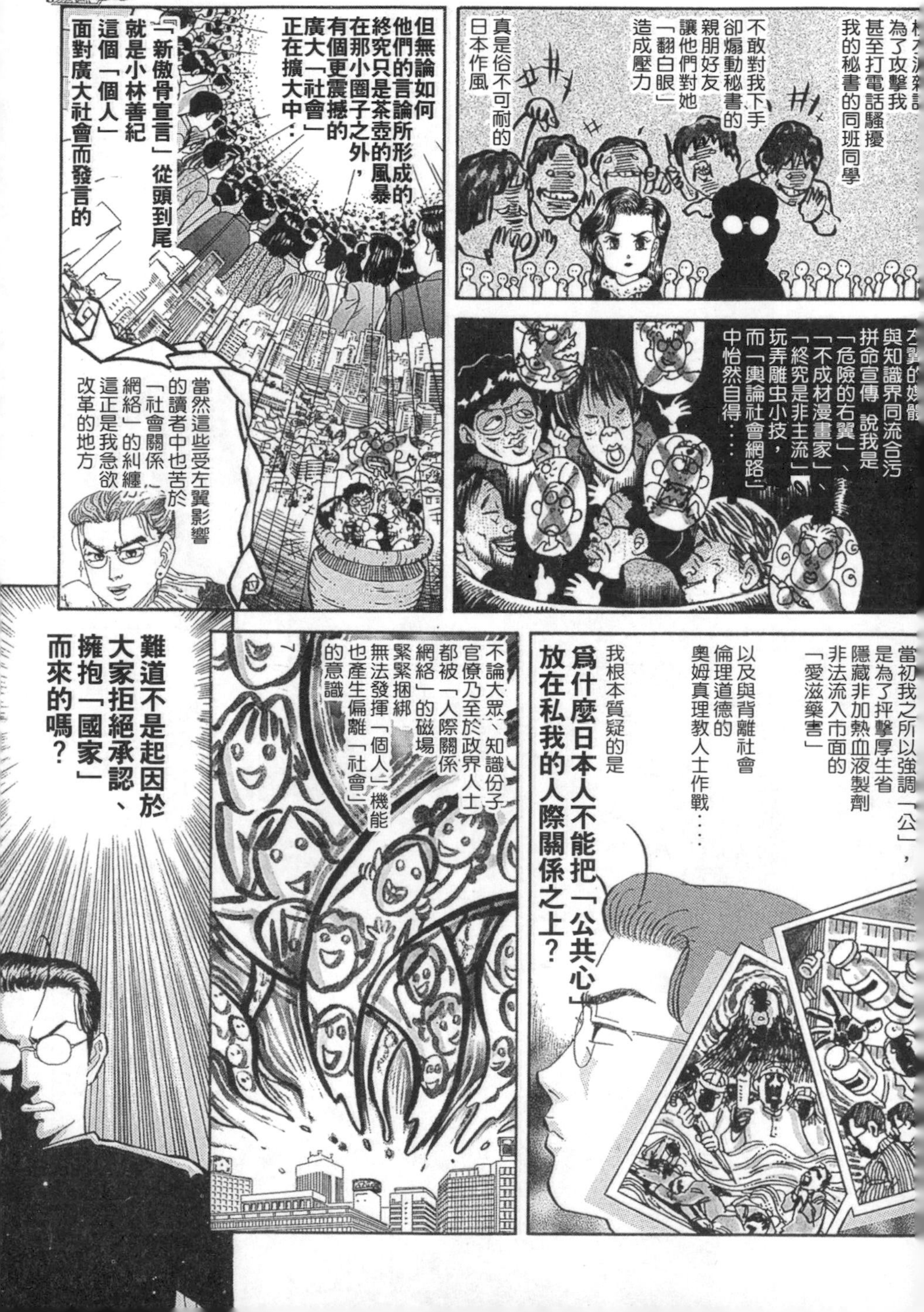

為了攻擊我
甚至打電話騷擾
我的秘書的同班同學
不敢對我下手
卻煽動秘書的
親朋好友
讓他們對她
「翻白眼」
造成壓力
真是俗不可耐的
日本作風
與知識界同流合污
拼命宣傳 說我是
「危險的右翼」、
「不成材漫畫家」、
「終究是非主流」
玩弄雕虫小技，
而「輿論社會網路」
中怡然自得……
但無論如何
他們的言論所形成的
終究只是茶壺的風暴
在那小圈子之外，
有個更震撼的
廣大「社會」
正在擴大中……
「新傲骨宣言」從頭到尾
就是小林善紀
這個「個人」
面對廣大社會而發言的
當然這些受左翼影響
的讀者中也苦於
「社會關係
網絡」的糾纏
這正是我急欲
改革的地方
當初我之所以強調「公」，
是為了抨擊厚生省
隱藏非加熱血液製劑
非法流入市面的
「愛滋藥害」
以及與背離社會
倫理道德的
奧姆真理教人士作戰……
我根本質疑的是
爲什麼日本人不能把「公共心」
放在私我的人際關係之上？
不論大眾、知識份子
官僚乃至於政界人士
都被「人際關係
網絡」的磁場
緊緊捆綁
無法發揮「個人」機能
也產生偏離「社會」
的意識
難道不是起因於
大家拒絕承認、
擁抱「國家」
而來的嗎？

李登輝先生，您要我「先讀一讀」的報導，我已經讀了。現在我正努力思考，如何讓李先生給我的教誨發揮更大效用。

形成會重視「公」的「個人」！
只靠「私」的累積不可能形成「公」！
不要「私民」而要「公民」！
每個人內在都存在著「公」
不論我如何解釋對我有意見的知識份子還是把我的話曲解成「不要個人，只要公」或「丟掉『個人』、維護『公』」形諸口號、抹黑我
連我沒講的話都栽贓拼命批判
小林主張「不要個人、只要公」是想回歸戰前
「神風特攻隊的做法並非消滅個人與個性」「而是為了公，勉強犧牲個人」……《戰爭論》明明如此寫道卻還是被誤解
特攻隊其實有很強的「個我」！
為了「公」可以割捨「私」心
……我不能不這樣寫
「個人」與「公」不是對立的概念
只是因為在自我內心中潛藏著「公」
所以遇到緊急狀況會為了保護重要的價值而作「個人」的選擇
甚至拋棄想活命的「私」心做出犧牲性命的覺悟
這與其說是一種自我、自私
不如說是選擇「公」的堅強「個人」

據說中國真的出現過小孩子在河川中溺水，橋上卻有許多人看熱鬧的情事。至於日本最近中國人犯罪的情形層出不窮、而且愈來愈惡化。甚至有中國人搶了七把散彈槍與許多子彈，「用途」何在？

你出多少？

誰來救救那孩子？

誠如司馬遼太郎所述中國至今仍無「公」的觀念！

「露骨地講，歷代中國皇帝都是『私』。其左右手官僚也是『私』，所以地方官拼命接受賄賂，是自然的營私。因此，中國才難以近代化。」

司馬遼太郎在《台灣紀行》中寫道：中國的『私』沒有『公』。

有人願出四百元我就救那孩子——

沒有人能強制大家做「七武士」片中甚至也有農民對冒死保衛村莊的武士瞪白眼

然而，為了「公」可以滅「私」的「個人」在我看來日本其實很多

如果日本也變成像中國人一樣，行嗎？

眼前日本就朝著這個方向前進但方向大家真的有這種警覺了嗎？

難道日本人不想建設一個有「公共心」令人自豪的國家？

我可以驕傲一下嗎？

新時代只靠「茶壺風暴」的「社會關係網絡」倫理已經行不通

我們必須趕快形成共識將「公」的倫理置於上位

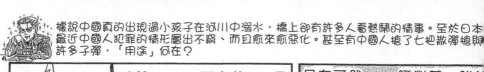

新
SPECIAL
第134章
在背後操縱教科書選定工作的「紅色」教員
「新歷史教科書編纂會」工作之中
我也參與執筆的
歷史・公民教科書
衝破各種阻礙
目前正接受文部省的審查
接下來的考驗是
教科書選定問題
錯不了
我寫的部分……
一定大受好評~~~
中学社会 歴史
中学社会
所謂「選定」
乃是各地區
分別從文部省審過的
教科書之中
決定當地
中、小學用哪本
沒被「選定」的書籍
孩子就讀不到
那麼
誰有權力做這種
重要的決定?
就是市町村(鄉鎮市)
的教育委員!
然而
在教科書選定現場
紅色傢伙們
早已在其間暗中跳樑
企圖以被紅色思想扭曲、
狂熱式的政治意識形態
來給孩子們洗腦……

儘管文部省還在審查，左翼人士與左翼媒體還是違法地公開「編纂會」白皮版本的教科書內容，並向韓國與中國通風報信……簡直無法無天。他們指責的那本教科書早已不存在！因為我們已根據審查意見改寫完畢。這些人卻還拼命對「絕版本」雞蛋裡挑骨頭哇、哈哈哈……
選定單位全國有五四二個
每個選定單位可能包括一個較大的市以及其他鄉鎮
按照法律規定
該區域內鄉鎮市的「教育委員」應負責選定教科書
但現實頗有落差
責任
採択
幾乎所有教育委員都還不知道自己有選定權
那麼選定工作目前又如何進展？
首先有些地區採取「由學校票制」由學校內部投票決定採取哪本教科書
在歇斯底里地反對日章旗與「君之代」的教育現場、人權團體佔優勢地區、以及日教組勢力龐大的地區
在此情況下教師會選什麼樣的教科書就不難想像
另外還有一些透過調查員、協議會與選定委員會公然進行淘汰式的選擇
教育委員必須決定中小學各學年、各學科教科書、
其工作量確實太大所以特別設置調查員與協議會作為諮詢機構事先對教科書作充分研究是被允許的。
但即使如此這些只是參考意見
最後的決定權與責任還在「教育委員」身上！
然而，在諮詢機關向教育委員提出說明的階段、
實際上，早已事先鎖定要選定那本教科書了。
教科用図書 選定資料
中学社会 歴史
国語
公民

教科書問題搞到最後，說不定得出專書好好討論。「編纂會」的學者們大家都覺得盡力了。另外，雖然沒有像「歷史」教科書那麼受矚目，「公民」教科書也破天荒地在西部邁先生認真執筆，八木秀次獨力仔細修正之下完成，非常了不起。

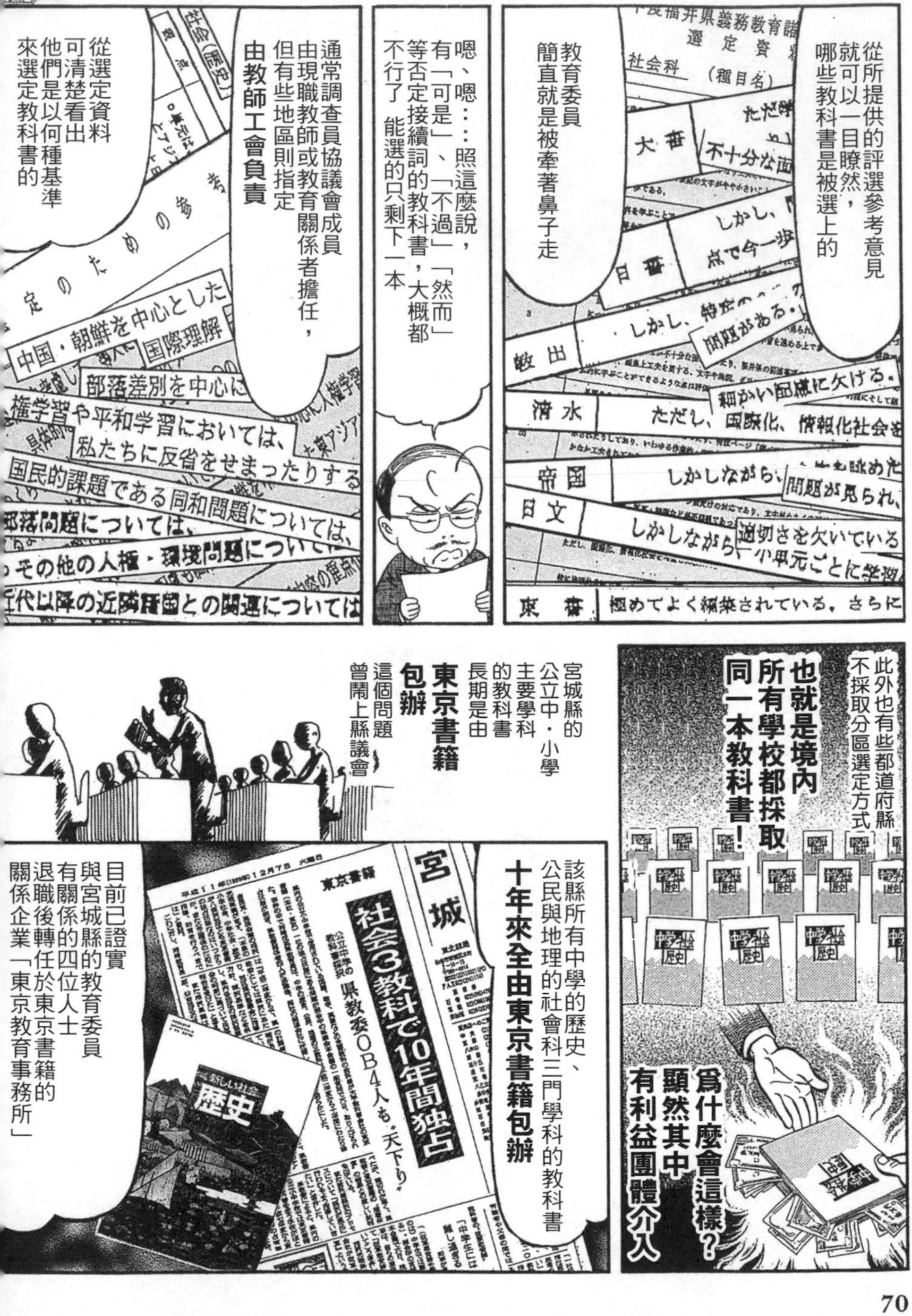

從所提供的評選參考意見就可以一目瞭然，哪些教科書是被選上的
教育委員簡直就是被牽著鼻子走
社会科
選定資料
大書
不十分な面
しかし、
点で今一歩
日書
問題がある。
教出
しかし、特定の
細かい配慮に欠ける。
清水
ただし、国際化、情報化社会
帝国
しかしながら
問題が見られ
日文
しかしながら
適切さを欠いている
一小単元ごとに
東書
極めてよく精選されている。さらに
嗯、嗯……照這麼說，有「可是」、「不過」、「然而」等否定接續詞的教科書，大概都不行了
能選的只剩下一本
通常調查員協議會成員由現職教師或教育關係者擔任，但有些地區則指定
由教師工會負責
從選定資料可清楚看出他們是以何種基準來選定教科書的
中国・朝鮮を中心とした
国際理解
部落差別を中心に
権学習や平和学習においては、
私たちに反省をせまったりする
国民的課題である同和問題については、
部落問題については、
その他の人権・環境問題について
近代以降の近隣諸国との関連については
此外也有些都道府縣不採取分區選定方式
也就是境內所有學校都採取同一本教科書！
爲什麼會這樣？
顯然其中有利益團體介入
宮城縣的公立中・小學主要學科的教科書長期是由東京書籍包辦
這個問題曾鬧上縣議會
該縣所有中學的歷史、公民與地理的社會科三門學科的教科書
十年來全由東京書籍包辦
宮城
東京書籍
社会3教科で10年間独占
県教委OB4人も"天下り"
歴史
目前已證實與宮城縣有關係的四位教育委員退職後轉任於東京書籍的關係企業「東京教育事務所」

《讀賣新聞》在社論（12/17）上以「應繼續傳承豐富的歷史」為題，指出「應把
味的歷史教科書記載改成有魅力，可實際感受的東西」，「許多教科書都規避介紹古事
與日本書紀這類古代浪漫的世界，認為這兩本書與戰前的皇國史觀相通」，敦促各界反
真棒！這篇社論可說已預告「自虐時代」即將結束。

雖然教育長在縣議會上表明「不會因為退休官員任職該出版社相關機構就影響公正性」
但目前宮城縣中小學總共十六本教科書不管哪個選定地區都全採用東京書籍的作品
名だけ。
お飾り。
名誉職
名誉職
這個事實證明市町村的教育委員是尸位素餐
由於這股歪風無法坐視，文部省早在平成二年（一九九〇）即發出通知
該通知稱為：「教科書選定注意要點」
文部省初等中等教育局長通知
教科書採択の在り方について
顯然其中已形成自己放棄權力而包庇自虐教科書的共犯結構！
中學 社會 歷史
優良
人權·平和
近隣諸國配慮
○決定學校使用哪種教科書是教育委員最重要實權之一
○為避免由教職員投票決定教科書，而造成有權選定者責任不明之狀況，應力求選定程序合法、公平。
○國民對於教科書以及教科書的選定相當關心，故選定時應盡可能反映家長與各界意見。同時，為回應各界關心，必須將選定結果公開，讓過程更透明化。
文部省早在十年前已指出這個問題，並要求改善
然而至今情況完全沒有改變
二〇〇〇年小山孝雄議員曾在國會質詢文部大臣為何部裡已下達指示現狀卻未有改變？當時的大島文部大臣答詢時表示……
教科書選定工作理所當然由教育委員會依其職權進行判斷
不可被教師工會的意見左右
……大島又表示平成二年的指示方針並未改變將繼續進行監督與輔導工作

緊急
緊急啟事：外務省一直以亞洲局與綜合外交政策局為中心，試圖運作讓「編纂會」的教科書出局，最近則更施展殺手招，透過首相官邸，對文部省施壓！
受到壓力後文部省於二〇〇〇年九月十三日召開都道府縣・指定都市教育委員會委員長與教育長聯席會議
會議中文部省的立場是……
希望制定由教育委員會負選定之最終責任的制度
由學校推薦而選定的應重新進行選定
選定理由務必公開委員姓名及相關資訊，也都應公佈
文部省的做法中規中矩。
為了改變已扭曲的選定現狀
應依照文部省指導
應由教育委員自行負責
選擇遵循文部省學習指導要領的教科書
各地都有家長們、「編纂會」的支持者以及JC人員發起運動向議會陳情或請願 要求選定工作正常化
公民
《朝日新聞》卻刊出奇怪的報導
◀平成十二年（二〇〇〇）十一月廿六日
2000年(平成12年)11月26日 日曜日 14版 38
「教科書選択、教委判断に」
「学校現場による絞り込みやめよ」
15県議会で請願採択
「つくる会」など提出
「特定教科書に利」
教育関係者 警戒強める
報導內容指出若學校當局沒有進行干預任由教育委員自主判斷、選擇教科書必定對特定教科書（大概指「編纂會」的教材）有利相關教育工作者（大概指日教組等團體）正持續嚴加注意
單單看標題意思就很明顯……
竟然說任由「教育委員」自行判斷會出現不良結果
為什麼在報紙上如此坦白招供？

警告

警告啟事：2000年12月，應該是中央教育審議會的文部省主管官員向審
會委員透露的消息，竟然說「若讓某教科書過關，日中關係就會倒退10年。
務省已透過首相官邸來告知此事，文部省高層因為此事備受困擾」。

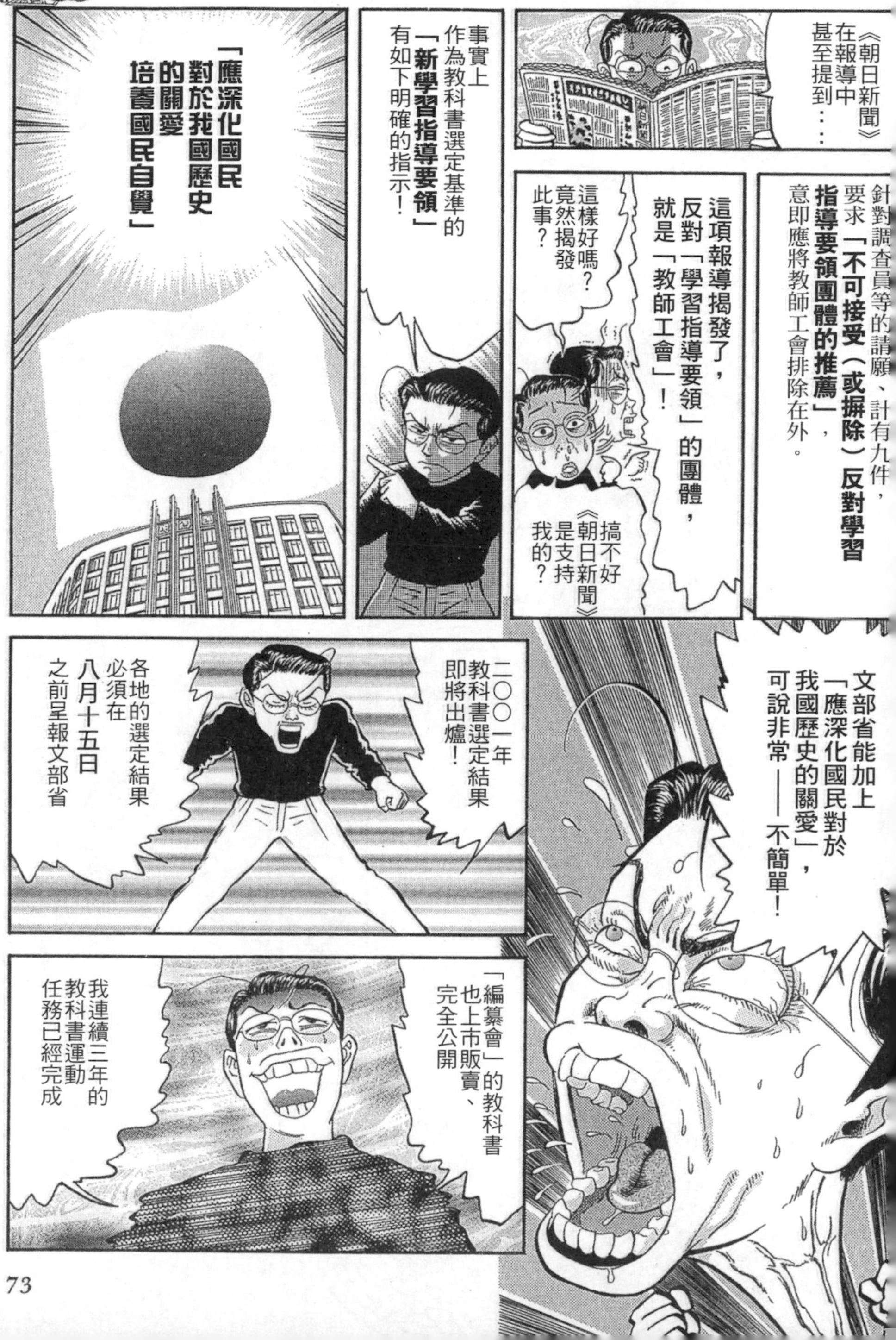
《朝日新聞》在報導中甚至提到……
針對調查員等的請願、計有九件，要求「不可接受（或摒除）反對學習指導要領團體的推薦」，意即應將教師工會排除在外。
這項報導揭發了，反對「學習指導要領」的團體，就是「教師工會」！
這樣好嗎？竟然揭發此事？
搞不好《朝日新聞》是支持我的？
事實上作為教科書選定基準的「新學習指導要領」有如下明確的指示！
「應深化國民對於我國歷史的關愛培養國民自覺」
文部省能加上「應深化國民對於我國歷史的關愛」，可說非常——不簡單！
二〇〇一年教科書選定結果即將出爐！
各地的選定結果必須在八月十五日之前呈報文部省
「編纂會」的教科書也上市販賣、完全公開
我連續三年的教科書運動任務已經完成

教科書一事不能大意。未來還不知道會發生什麼狀況，因為政府及教育界都可能有人使出卑劣手段。要解決這個問題，說不定我得清清楚楚具名寫一本專輯，徹底把狀況公開給日本國民知道。

接下來 就等全國鄉鎮市的「教育委員」覺醒了！
但問題是，教育委員們了解這次教科書問題的經緯了嗎？
目前只有《產經新聞》深入報導尚未周知！
如果有認識的朋友擔任「教育委員」……
請務必介紹他看這章，並幫忙說明！
務必讓對方覺醒過來！
「教育委員」可不是花瓶而是身負創造日本的明天……
是個非～～～常重要的工作！
像過去的教科書好？
還是照文部省所指導「深化國民對我國歷史的關愛」的教科書好？
拜託、拜託「教育委員」諸君——敬請好好判斷啊！
我可以驕傲一下嗎？
告訴你 這實在是非常認真的問題
給「教育委員」看本書時 這頁最好遮起來
萬一委員們看了不高興 對我不利就糟了
賀正
為了在二〇〇一年出版《戰爭論2》新年假期中我只好繼續工作

〔譯按〕：日本人也有十二生肖的信仰，而2001年是「蛇年」。

部分公開
讀者來函

我是住在美國的教師（任教於日本學校與當地短期大學）。從新聞報導知道，2002年開始，日本中學歷史教科書將大幅刪減舊日軍對外國人加害行為的相關記載，我覺得這是非常好的做法。對於住在海外的日本人而言，如果不能讓孩子產生自己是日本人的自覺，不能讓他們對祖國有榮譽感、愛護祖國，就很難進行教育工作。因此，充斥著過度貶抑自己國家記載的教科書，只會製造困擾。此次改善令人欣慰。這項成果應歸功於小林先生為首的「編纂會」諸君努力不懈，在此讓我略表謝意。

不過，令人擔心的是，即使教科書改善了，但如果實際進行教學的教師水準沒有提升，還是無法形成健全的教育環境。附帶一提，在美國，不只學校會教育孩子尊敬國旗國歌，整個社會都有此共識。這其實已經是世界常識，不料拼命嫌惡國旗與國歌的反日日本人卻鼓吹「培養國民的國際感覺」，真是令人啼笑皆非。

因為離開日本，我反而能客觀地觀察日本，也因此更愛日本。我現在才清楚地知道，我至死都會愛日本，至死都不放棄自己身為日本人的信念。為了可愛的孩子，我也希望日本不要從2000年實施什麼「寬鬆教育」。

（D・A／USA）

新傲骨之言 SPECIAL
第135章
相信與懷疑
2000年12月我提早把一月要發行的《SAPIO》原稿完成
一個月只出一期《SAPIO》想畫的東西已經積了一大堆了
加上我的周遭發生各種狀況無處發表作品 不禁令我「慾求不滿」
當今資訊爆炸時代一個月只出一期編輯也真懶惰。
既然如此我早該到海外去走走
懶惰會有報應的！
當然利用這個空檔也畫了不少《戰爭論2》的東西
工作人員早就帶著棉被自動進駐辦公室開始趕工

今年預定出版與金美齡女士的對談集，但一直都還沒看到校樣出來。此外，與李登輝先生的會談，也想出版，現在，正在思考如何下筆，才能讓李登輝先生的思想更有效地傳達給年輕人，《戰爭論2》的發行，則排在後面。總之，必須畫的東西非常多。

這些傢伙真認真啊
最近不景氣你們終於了解工作的可貴了吧？
比起一個月只發行一期的《SAPIO》編輯你們實在認真、可愛多了！
你們的生命正在「發光」呢！
感動！
感動！感動！
他們難道有什麼企圖嗎？
？
喲～大家看下雪了！下很大呢
太好了——我們能在這裡打地舖
原來如此？天氣冷要回家也很麻煩……我了解了
大師編輯們真的喜歡這樣閉關工作嗎？
你為什麼如此懷疑？
搞不好他們是因為怕回家睡前喝酒變胖閉關工作還可節食……
金森妳也想太多了吧
這樣就可以不用回去了♪
可以不用回去了♪
金森……你完全不相信工作夥伴嘛……

「辯論到天亮」〔譯按〕播出了「日本為何發動必敗的戰爭？」的節目。也罷！這些人水準如此爾爾。既然如此，我得多畫一些作品，以正視聽。「辯論到天亮」的節目觀眾幾乎都是左翼運動家，從節目最後的問卷調查就可看出。至於我的讀者，則鎖定四十歲以下未來將領導日本的年輕人。

總之我得繼續拼命畫不讓他們趕上
日本為何發動那次戰爭我要好好地畫出來！
顧慮中國與韓國不把當時支那大陸與朝鮮的狀況講明白，一味地把日本塑造成罪惡化身這種虛假歷史觀我要拆穿它！
這樣的歷史，是「國王的新衣！」
首先例舉過年前後我周遭發生的幾件事情
二〇〇〇年十二月台灣的報紙刊載我在《SAPIO》上與李登輝先生的對談
李登輝VS小林よしのり
李登輝先生的「投資大陸是自殺行為」說法成為問題焦點受到抨擊
接著《中國時報》報導了《台灣論》內容激起《台灣論》批判風潮
中國時報
親中的媒體與學者當然群起圍剿
絕大多數都是指責
但金美齡女士在電視上與他們辯論獲得大勝
《新台灣周刊》雜誌刊登支持我的一篇文章「台灣的媒體看到小林善紀獲得兩位總統稱許，就忌妒不已」、「日本人大談台灣歷史令他們忌妒」
我在東京接受《中國時報》專訪內容於元旦刊出
批判《台灣論》急先鋒的學者戴國煇過年不久即猝死
論爭的火花甚至波及新加坡
台灣人用「酸葡萄心理」代表「忌妒」相當有趣
評論者是江冠明
台灣論的新傲慢觀點
台灣媒體酸葡萄心理
小林親訪李登輝與陳水扁前後任總統，分別提出尖銳問題，同時深刻地描述台灣現境，並獲得兩位總統的稱許
該專訪頗受好評結果收錄於二月發行的《台灣論》中文版
李登輝親日 不無安保戰略

〔譯按〕每月最後的週五晚間朝日電視台播出的多人辯論節目，主持人是田原總一朗。

畫這篇稿子時，還沒有讀到《正論》3月號西尾幹二的文章。後來讀了，發現我的文章尚有不足之處，未來將進一步提出反駁。我感覺，西尾幹二根本沒有讀懂我的《台灣論》……。

這就是《台灣論》的中文版！
由台灣一流設計家曾堯生先生設計封面
因為尚未上市即陷入批判的狂風暴雨發行後銷路不知會如何……
台灣論
新傲骨精神
小林善紀
「小林善紀」是金森為我決定的在漢字文化圈的筆名
中國應該也讀到《台灣論》了
事實上，中國早在去年十二月就有「社科院」學者王偉彬發表論文「《戰爭論》和日本的『新民族主義』思潮」
當然 王的歷史認識與我南轅北轍但這篇論述遠比日本左翼學者冷靜、優秀
事實上不能精確分析敵人就沒辦法搞外交
像日本左翼那樣只會諂媚中國對我誹謗中傷以此自我滿足的笨蛋將自取滅亡
倒是正月期間我寫了一篇反駁西尾幹二的文章
西尾在雜誌《正論》二〇〇一年二月號發表論文，提出對於「台灣人親日感情」的質疑
支持金美齡女士等旅日獨派的我也被暗批
強く信じるからこそ強く疑える
因此我寫了反駁文章「台灣是不可相信的國家嗎？」
據說西尾又進一步寫了有關台灣的東西正月假期結束後把稿子送到編輯部了
因此《正論》的3月號同時刊載我的「文字版・傲骨宣言」16頁長文與西尾同主題論文
這篇文章收錄在本單行本中想挑戰小生長文的人不妨利用這個機會讀讀
正論
3
二〇〇〇年受猜疑心強烈的西尾請託
小山孝雄議員在國會上質詢教科書問題的功績我已在《傲宣》欄外有所說明
為了答謝小山親臨我的辦公室致意

但之前數日《產經新聞》
卻報導了小山與KSD之間的關聯〔譯按〕
KSDが署名活動
自民・小山氏に協力
《產經新聞》的報導到底是怎麼回事？
絕對沒有這件事
你收了KSD的錢了嗎？
我沒有向他們推銷半張募款餐券
這篇報導很奇怪「製造業大學」與「延長外國勞工的停留期間」都不是壞事
對於中小企業反而有好處是不錯的主張
是啊 我是遵照自己的政治信念而提出主張的
如果是這樣 這篇報導會嚴重誤導大眾 應斷然提出抗議！
但大家只在意KSD的古關很爛以及小山先生是否收了錢？
絕對沒有拿他的錢
所以我正打算寫抗議信函給《產經新聞》
小山的秘書把信攤在桌子上
小山看起來不像會接受賄賂、貪污的政客
他和挪用外務省機密費玩賽馬與女人的松尾克俊截然不同
政治活動當然得花錢 即使在野黨也接受政治獻金
獻金來路不明或不乾淨 一旦事情曝露出來 有人斷尾求生 有人順利脫身 差別只有如此而已

〔譯按〕：2000年10月6日，東京地檢署特搜部（特偵
強制搜索「KSD中小企業福祉事業團」，因該組織負責
古關忠男挪用巨額公款並對執政黨提供違法政治獻金

從事政治活動得花錢，事實上，如果沒有狂熱式(cult)的團體、組織支持，就很難掌握基本票。選舉想不花錢，只能常常上電視露臉，提高知名度……此事不能忽略。
後來到了2001年檢方出動逮捕了小山議員
小山的辯解「沒有收到KSD的錢」似乎不被接受
但我相信小山沒有騙我
日本經濟新聞
夕刊
小山孝議員を逮捕
KSDから数千万円
即使接受了KSD的賄賂即使受古關影響而在國會提出質疑
但從結果看對中小企業卻是有好處的
日本的經濟發展不能只重視新經濟的資訊產業
舊經濟熟練工人的製造技術才是日本之寶
正如森首相所述「製造業大學」的理念應該沒錯
我特別注意到針對與KSD完全無關「教科書問題」小山議員也提出了很好的質詢
我不會像日本媒體那樣把小山定罪為「了無志氣、卑鄙的小人」
特別是政壇那些對手如果他們不是一開始就是有錢人高知名度怎會有資格對小山落井下石呢？
民主黨的菅直人不也請KSD買了募款餐券了嗎？
即使共產黨也被前公設秘書告發「挪用薪資作為活動資金」
如果不能找錢就無法成為派閥領導
在日本搞政治活動理所當然得花大錢！
錢！
錢！
錢！
所以什麼範圍之內可容許政治人物撈錢？
政治人物的能力與重要性，以及錢財不乾淨的問題，豈能不慎重衡量？
政壇一味地隨著媒體與檢方指揮棒起舞這樣好嗎？

西尾幹二打電話給小山時，好像曾留言表示慰勞：「感謝您在國會針對教科書問題提出質詢」。

我根本就不相信媒體
也不相信檢方
我一向對這兩方面
深具疑慮 不敢相信他們
即使小山孝雄
接受KSD古關
不當金錢資助
我還是相信
他的清白
這裡有一封
小山的信
是小山
寫給西尾幹二
的私人信函
即使我任意公開
兩人應該也會
體諒我的用心
西尾幹二先生
在教科書爭議的關鍵時刻發生此事，實在很過意不去，在此向您道歉。
聽到您的電話留言，我感謝得泣不成聲。
我對於金錢一向清白，完全沒有不可告人之事，不意竟遭遇如此陷害。
衷心期待「新歷史教科書」順利誕生。現在我要「進去」了。
事件的喧騰大概也對小林善紀先生造成困擾。實在很抱歉。
還請代我向小林先生致意。
一月十六日晨
小山孝雄敬啟
接下來換個話題
我周遭還發生很多狀況
時事通訊社
傳真來
我回電時
對方說是……
我們收到一則情報
說小林善紀先生
十二月八日
在都營三田線電車上
涉嫌偷拍女性內褲而
被警方逮捕……
十二月八日
那天我不是去見
小山孝雄嗎！
然後和金森
一起出去吃串燒！
我幹嘛那麼無聊
學田代正志（諧星）
偷拍女人的兩腿之間？
我連照相機
都不太會用
哪會操作錄影機？
你們乾脆
直接去找警察
問我是否
被他們逮捕
事情不是
更簡單嗎！
結果對方卻說
警方表示嫌犯
做完筆錄後，
暫時斥回云云
實情什麼也不講
到底
是誰散播
這種消息的？

我畫了這頁好色圖畫後，那些「憂國」人士大概會群起批判吧。我確實是「慾求不滿」，但也不致於墮落到「偷拍」或「順手牽羊」等等偷雞摸狗的地步。當然，我絕不是聖人君子，因為我畫色情漫畫時，快樂無比。

我拼命追查放話者
對方卻堅持不說
只表示區區市井小民的告密無法一一去採訪、追查云云
如果是足以信賴的消息來源的話……
是警方告訴你們的嗎？
我拼命追問對方還是守口如瓶
這記者明明知道散播流言的傢伙卻保護該犯人
……
還打電話來問我看我是不是有涉嫌偷拍？
是可忍孰不可忍？
陷人於罪者完全不受責罰？
我可要先要聲明小生我才沒有這麼無聊偷拍女孩褲底
如果真的那麼閒我會當面發動攻勢
直接把女孩的褲子脫掉……
然後翻過來舔個過癮！
我比色狼還更色！

日教組即大會簡直和「成年禮」的混亂情況差不多，會員們竟然群起指責東京都教育長，說他是「希特勒」，叫囂「滾回去！」。這些教師原本和不成材的年輕人同等級。

戰後教育竟然走到如此地步問題還不嚴重嗎？

連國旗與國歌都被他們十分厭惡視若無睹充耳不聞

這幾年來即將「成人」者精神年齡每況愈下

成人式妨害の5人逮捕

熊本知事

クリーニング代を
市長が弁済請求へ

成人式で男数人が女性の晴れ着酒汚す

玩具のピストル発射
新成人が市長に謝罪

那覇

門扉破損の
新成人が謝罪

出ていけ
やじ

是誰說的？「私慾」的集合可自然產生「公」

成人儀式……果然不見「公」的存在

是誰在背後陷害我我不知道

但沒有人支持我

誰可以提供我消息呢？

到底

最後聽眾超過三百人還有人站著聽

但到了演講會場卻發現關心「教科書選定」問題的全國JC會員一早就不斷湧入原先預定一五〇個座位的會場不斷加椅子還是不夠

1月19日我前往京都在JC大會上發表演說，闡明「推動教科書選定之會」的基本做法

有的在新幹線上一路打手機有的從白天就喝酒狂歡

許多成員不知檢點

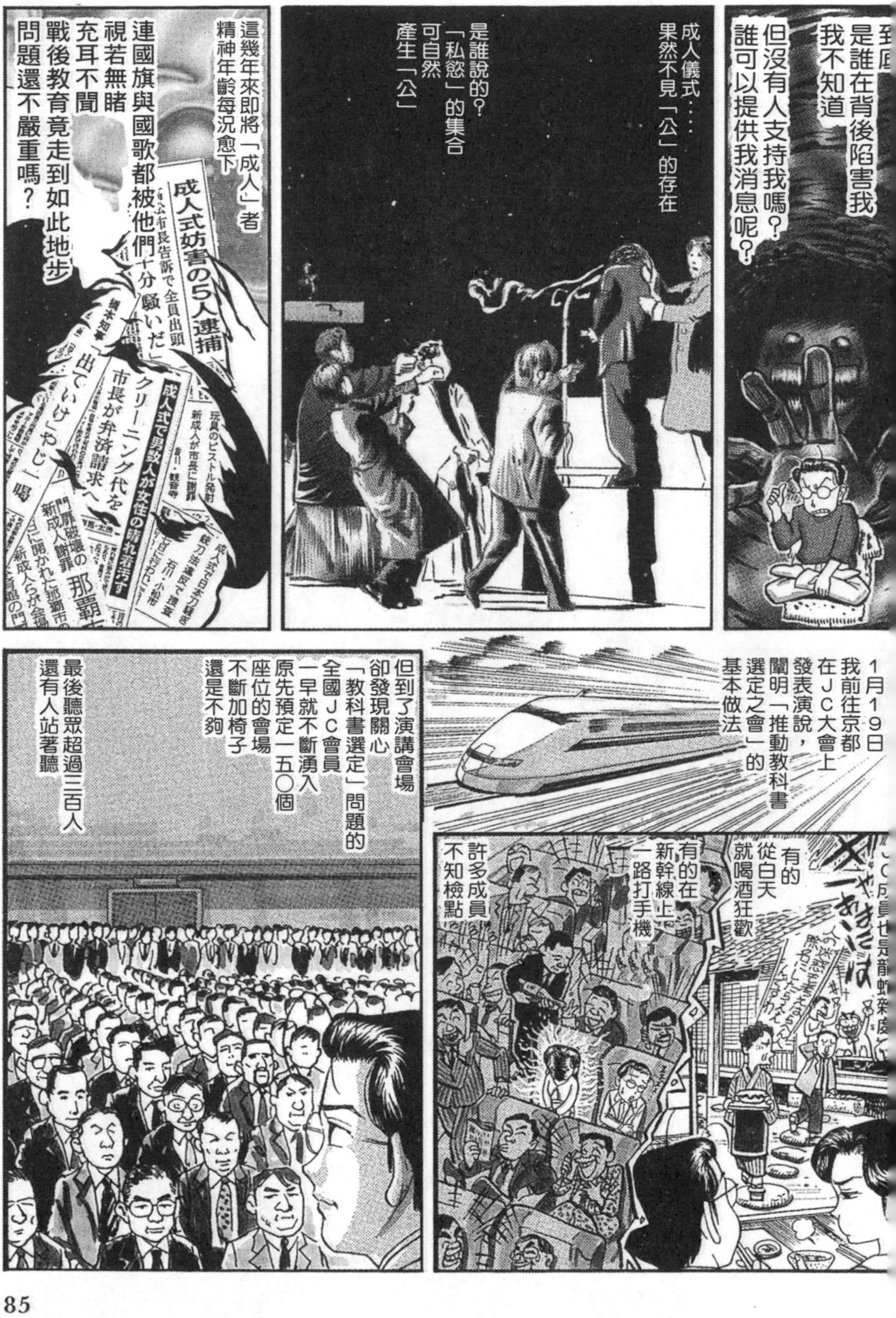

文部省的教科書審查還是一味地在乎中國與韓國的意見。但是，中國、韓國的教科書卻完全不在乎日本人的感受，露骨地煽動「反日情緒」，完全不進行「史料批判」。
「歷史學」的根本精神，難道不是「史料批判」嗎？

這裡既沒有「成年禮」那類笨蛋
也沒有響起行動電話的鈴聲
每個人都聚精會神地聽著
我相信來到這個會場的人日後將會成為真正領導人物
可惡的左翼據說已根據「獨占禁止法」對「編纂會」、扶桑社與《產經新聞》提出告訴
「他社教科書中傷は独禁法違反」
学者ら公取委にきょう申告
「扶桑社など、他社教科書中傷」
公取委に申し立て
「編纂會」成員沒有一個是教科書的編輯、發行或販賣者
残酷！
こんなものを12～13歳の子供の教科書に載せて見せていいものでしょうか？
世の大人たちはこんな教科書で子供に学ばせていて平気なのだろうか？
「外務省干預教科書審查」一事《每日新聞》完全沒有報導
《朝日新聞》與
只報導日暮途窮的左翼運動家的主張與看法
如此偏頗簡直已經瘋狂
外務省が関与
見解文書コピー入手
批評「已通過審查的教科書」並不犯規
但是《朝日新聞》與《每日新聞》勾結左翼運動家所批判的卻是「審查中的教科書」
「審查中的教科書」稱為「送審本（白皮本）」是不讓檢定官知道哪本教科書是哪個出版社作品
這種作風和成人儀式上胡做非為的傢伙沒有兩樣！
應該發起拒看《朝日新聞》與《每日新聞》的運動，拉低他們的銷路！
他們卻讓「送審本」的內容曝光煽動輿論，說「這本書很爛」！
並且試圖影響檢定官《朝日新聞》、《每日新聞》與左翼運動家聯盟才是無法無天！
「核兵器廃絶は正義か」
教科書に記述
「韓国併合は必要」
「つくる会」提案教科書に
社会 歴史
中学社会 歴史

平成13年1月22日付 右／朝日新聞 左／每日新聞

▼産経新聞平成13年1月4日付

▲右／朝日新聞平成12年7月29日付
左／同9月13日付

松山政司今年夏天將在福岡角逐參議院議員選舉，我特別提醒他「要注意錢的問題」、「絕對不可違法競選及賄賂」。認識的朋友踏入政界，總會令我不安。但一旦對方決定了，我會為他加油。

在京都那晚 和JC的朋友一起前往酒店
酒店的小姐們……
漫畫家？
咦 畫什麼的？
大家你一言我一語
同席《正論》代表S突然想到一個點子
他畫的是讓日本更有精神的漫畫！
是《少爺》囉？
？
是……是的
哇──不會吧──你是那個「少爺」？
好棒 我是《少爺》的忠實讀者
我現在手裡還有那本書
畫一下「皮耶」畫一下「皮耶」，好不好嘛！
這是我夢寐想見的人
比木村拓哉來還高興
被如此稱讚 我只好拚命幫他們在簽名卡或手機上簽名
JC的松山明圓與《正論》的S只好被冷落一旁 真對不起他們
「傲骨宣言」
但對這些女孩子而言 只在乎我是他們小學時代讀過的《少爺》作者
小姐們二十出頭的不少都讀過《少爺》
還好裡面有一個讀過《戰爭論》讓我鬆了口氣
金森這件事……
嗯 這下子可以考慮再版《少爺》
那不過是討客人歡喜的場面話而已！
要有懷疑之心呀！
不 你錯了
現在的女孩子哪有這麼高段的接待技巧？

椎名林檎懷孕了，hitomi（皆為有名歌手）好像也有親密愛人，我的期待又落空了！
這類不滿，今年也只能在作品中發洩！

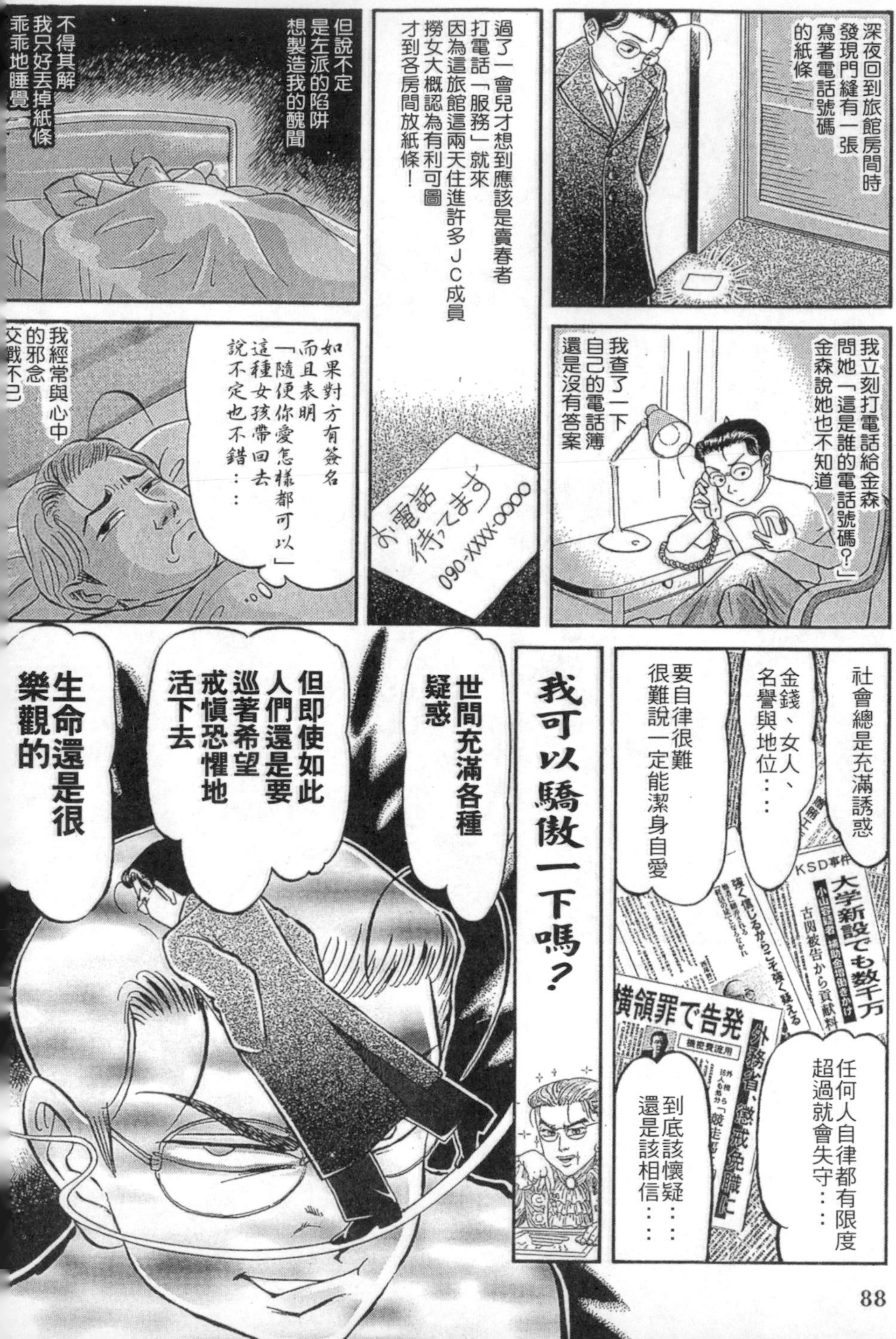
深夜回到旅館房間時發現門縫有一張寫著電話號碼的紙條
過了一會兒才想到應該是賣春者打電話「服務」就來
因為這旅館這兩天住進許多ＪＣ成員撈女大概認為有利可圖才到各房間放紙條！
但說不定是左派的陷阱想製造我的醜聞
不得其解我只好丟掉紙條乖乖地睡覺
我立刻打電話給金森問她「這是誰的電話號碼？」金森說她也不知道
我查了一下自己的電話簿還是沒有答案
お電話待ってます
090-XXXX-0000
如果對方有簽名而且表明「隨便你愛怎樣都可以」這種女孩帶回去說不定也不錯……
我經常與心中的邪念交戰不已
社會總是充滿誘惑
金錢、女人、名譽與地位……
要自律很難很難說一定能潔身自愛
KSD事件
大学新設でも数千万
古関被告から貢献料
強く信じるからこそ強く疑える
横領罪で告発
外務省、懲戒免職に
任何人自律都有限度超過就會失守……
到底該懷疑還是該相信……
我可以驕傲一下嗎？
世間充滿各種疑惑
但即使如此人們還是要巡著希望戒慎恐懼地活下去
生命還是很樂觀的

新
傲骨宣言
SPECIAL
第136章
讓中共痛快的
西尾幹二
「台灣論」
2月7日 我的《台灣論》終於在台灣上市 新書發表會熱烈登場！
黃昭堂、蔡焜燦、何既明先生等獨派錚錚之士皆親臨會場
並大力推薦本書乃深究台灣人自我認同的重要著作！
當然統派媒體仍舊瘋狂批判
不斷有抗議與搗蛋的電話打進翻譯出版《台灣論》的前衛出版社
台灣論
世紀大爭議之書
日本精神？台灣魂？
小林善紀
台灣論
新書發表會
台湾論
但仍有許多不向這類壓力屈服、強烈支持本書的「台灣派人士」
你告訴小林！不必理會那些批評！

《台灣論》在當地上市後，聽說一週就大賣上萬本。從人口比看，大概相當於日本的六萬本。而且讀者大多三十歲以上，大概是因為文字與訊息頗多，主要讀者並不只是年輕哈日族。

韓國與中國會有人對本書產生共鳴而翻譯、出版嗎？
我很懷疑他們有發行本書的「言論自由」？
這兩個國家能容許不同意見嗎？
很快就有消息傳來某家書店進貨50本5天之內就賣光
還是有人不畏媒體壓力這就是台灣！
我們不能不
報紙廣告上堂堂地寫道──
統派訐譙
台派喊爽
漫畫大革命
台灣版堂堂上市
果真威勢凶猛赫赫如千軍萬馬這就是台灣！
日本狂銷一千八百萬冊漫畫家小林善紀爭議騷動之作
台灣論
台灣版堂堂上市
統派幹，台派爽，漫畫書大革命
◆探訪李登輝鮮為人知的內心世界，
◆漫畫陳水扁、許文龍……
小林善紀
統派幹，台派爽，漫畫書大革命
軟精裝＋書腰 定價/250元
與日本類似台灣輿論界分兩派彼此壁壘分明
日本的爭執點在於 應破壞國家認同？還是保護它？
台灣則是該否定國家認同？還是重新加以創造？
台灣獨立派對於日本殖民統治也有一定評價
統派則拼命打反日牌若海峽兩岸有變化這張牌就會讓他們財源滾滾
統派與日本左翼聯手完全否定戰前日本的功績
ANTI-JAPAN
中國大陸也開始批判起《台灣論》
完全拋棄理性辯論用潑婦罵街的方式
日本人應支持哪邊？
支持哪邊對台灣人有利？對日本也有幫助？
我選擇台灣派

西尾在文章中提到的林建良與伊藤潔兩人，都忿怒地表示「我根本沒講過這樣的話」，並透過《正論》編集部，對西尾提出抗議。據說兩人還打算在下一期的《正論》中提反駁。顯然西尾擅自扭曲別人的發言，照自己的意思解釋、發表。

《新民周刊》雜誌」有如下的文章
以「台獨論」臭名遠播的日本右翼漫畫家小林吉則〔譯按1〕與李登輝對談後，出版了《台灣論》這本漫畫，試圖散播台灣獨立之毒。小林在本書中表明自己的軍國主義思想，曝露了李登輝這個漢奸的惡行惡狀。
簡直是廁所塗鴉……一派胡言……
中國好像也有「臭名」這個辭彙……
「很臭的名字」聽起來就很誇張
小林吉則
話說，我在《正論》三月號發表題為「台灣是不可相信的國家嗎？」文章
同一期西尾幹二也寫了「認定台灣是『親日』的危險性」點名批判「小林善紀」與「金美齡」，主張「不可信任台灣獨立派台灣會有轉向反日的危險」
這就是中國
也就是後藤田正晴、野中廣務、田原總一朗等人喜歡的國家
更是日本外務省與文部省對之低聲下氣、一言堂的國家
ゴーマニズム宣言
台湾は信じられない国なのか？
小林よしのり
台湾を「親日」と決め込む危うさ
保守派論客的西尾幹二竟然亮牌質疑台灣獨派
站在中共那邊
該文充滿煽動語氣用似是而非、牽強的邏輯加以掩飾其論旨如下……
台灣獨派所謂「台灣是親日的」的說法值得懷疑。
台灣存在著無法改變的「權力」。
台灣說不定會變成令日本棘手的反日國家
台灣獨派揭發對國民黨奴顏屈膝的同胞罪行應好好反省。
這些旅日台灣人只會在日本這個安全圈大聲講話
扯得這麼離譜、如此胡說八道……氣炸人也
西尾幹二這篇文章最令人看不起之處就是毫無選擇、無批判地引用台灣學者許介鱗的話
正論
許介鱗可說是台灣的張純如〔譯按2〕
「馬克斯主義者、統派、反日主義者」三者皆備

〔譯按1〕：「小林吉則」是早期譯名，後來由小林本人正式定名爲「小林善紀」。
〔譯按2〕：張純如（Iris Chang），即發表《被遺忘的南京大屠殺》一書的華裔作家。

眾議院預算委員會委員長野呂田的演講要旨我讀過，有什麼不對嗎？難道日本人只能照中國與韓國的指示講自己的歷史嗎？想封殺野呂田意見的在野黨，其「全體主義」實在可怕。民主黨的菅直人是玩真的嗎？難道自由黨骨子裡是左派？我不會善罷干休的！

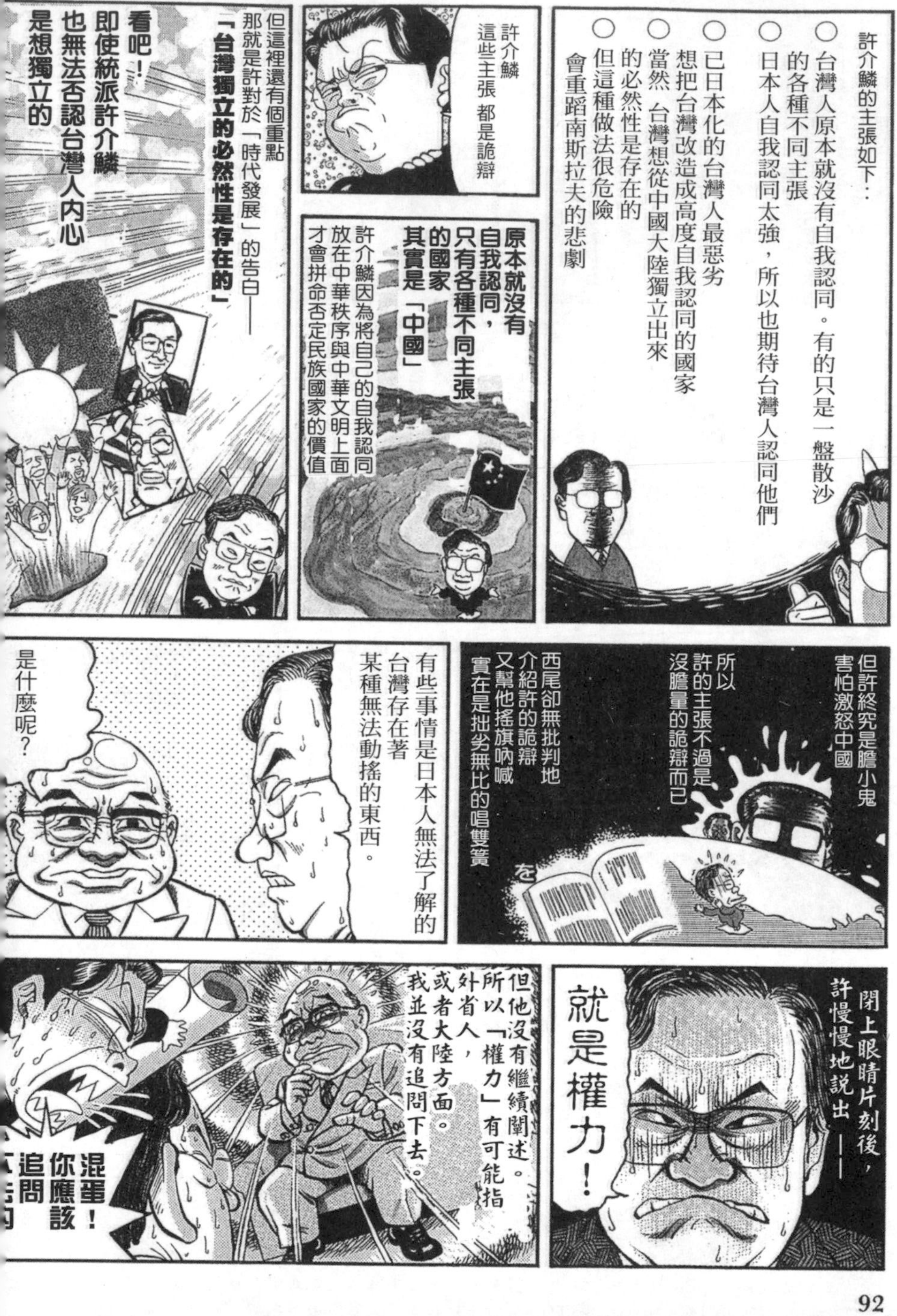

許介鱗的主張如下：
○台灣人原本就沒有自我認同。有的只是一盤散沙的各種不同主張
○日本人自我認同太強，所以也期待台灣人認同他們
○已日本化的台灣人最惡劣 想把台灣改造成高度自我認同的國家
○當然 台灣想從中國大陸獨立出來的必然性是存在的
○但這種做法很危險 會重蹈南斯拉夫的悲劇
許介鱗 這些主張 都是詭辯
原本就沒有自我認同，只有各種不同主張的國家 其實是「中國」
許介鱗因為將自己的自我認同放在中華秩序與中華文明上面才會拼命否定民族國家的價值
但這裡還有個重點 那就是許對於「時代發展」的告白——
「台灣獨立的必然性是存在的」
看吧！即使統派許介鱗也無法否認台灣人內心是想獨立的
但許終究是膽小鬼 害怕激怒中國
所以 許的主張不過是沒膽量的詭辯而已
西尾卻無批判地介紹許的詭辯 又幫他搖旗吶喊 實在是拙劣無比的唱雙簧
有些事情是日本人無法了解的 台灣存在著某種無法動搖的東西。
是什麼呢？
閉上眼睛片刻後，許慢慢地說出——
就是權力！
但他沒有繼續闡述。所以「權力」有可能指外省人，或者大陸方面。我並沒有追問下去。
混蛋！你應該追問

拜讀了新聞記者大高美貴《絲路冒失紀行》（新潮社）之後，發現她對西藏有相當生的報導。我對於中國內陸乃至於舊蘇聯中亞地區的現狀，也都因此有了更深的了解。書相當有趣，特別是作家冒死採訪的精神，令人震憾！

台灣人大概無法想像，日本這個國家存在著無法改變的東西
是什麼呢？
閉上眼睛冥想小林慢慢說道。
「近鄰諸國條款」與……
憲法
闡述他的話。他的「近鄰諸國條款」大概指日本受制於中、韓兩國「憲法」則代表日本人被美國洗腦 但我沒有繼續問下去
《台灣論》中登場人氣急速上升的謝雅梅小姐
這段「摸倣」不怎麼高明……
西尾幹二這種想當然爾的寫法，我倒覺得很像五島勉的《諾斯特拉達姆斯》！〔譯按〕
西尾幹二の
大予言
迫りくる反日台湾出現の日
KAN BOOK
西尾最後針對台灣做了如下預言……
依我看
這個對於日本而言最接近的「他者」
這個國家愈獨立發展，
愈可能變成日本
無法溝通的國家
不要自己嚇自己好不好！
許介鱗從日本回台灣後抱住李登輝前總統的大腿而在政府任職後來卻被開除因此對李登輝懷恨在心竟然受這種人影響把李登輝描寫成「糞坑中的天鵝」西尾幹二如此墮落簡直與廁所文學無異
西尾引用許介鱗言論的做法可謂與本多勝一的《中國之旅》沆瀣一氣兩人都把中共代言人的台詞照單全收！完全沒有批判！
河野洋平（前外相）亦然 毫無批評地 把韓國人準備的前慰安婦證詞照單全收！
當然 敢毫無批判地傳述證人的說詞 傳述者得有被視為證人同夥的覺悟

〔譯按〕：諾斯特拉達姆斯是16世紀法國的醫學與預家，預言1999年人類將滅亡濱崎步的外型、音色與樂曲，都棒得不得了。宇多田的「Can You Keep A Secret?」是久違的大暢銷。LOVE PSYCHEDELICO的聲音給人觸電感。竹內瑪利亞的新專輯一定要買。中山美穗的精選輯也很有魅力。啊，只聽這些歌就很享受。真想參加Ayu的演唱會。只是我一定會害羞的。

西尾幹二認為金美齡與台灣獨立派
應該像漢娜・鄂蘭那樣揭發甘受掌權者（國民黨）欺壓的同胞膽小與卑怯
西尾講得義正辭嚴
這些旅日獨派只能在日本這個安全地帶大聲講話
簡直就是一派胡言
漢娜・鄂蘭揭發了同胞猶太人在納粹獨裁下的犯行
但西尾能指責金美齡完全沒有類似的言行嗎？
金女士從很早就一直嚴厲批判許介鱗與戴國煇等依附權力、甘受欺壓的本省人（同胞）
西尾幹二引用許介鱗的發言說「現在台灣的權力仍掌握在中國手中」
若然金美齡就更有理由可以指責「機會主義者、為了保身而背叛台灣人、媚中的許介鱗」
金美齡與其夫婿周英明都被國民黨列為黑名單沒收其護照
隨時都可能被強制遣返！
西尾有理由指責他們「只會在日本這個安全地方活動」嗎？
周先生於一九六一年二十七歲來日本之後連續四十年不曾踏上祖國台灣的土地
即使雙親病危時也無法回去探親
他為了批判國民黨政府把自己逼到如此絕境、四十年來，常被特務盯梢
每天惡夢連連
獨立運動有很多種做法
西尾有權要求被遣返即可能處刑的人採取什麼做法嗎？
金美齡
日本よ、台湾よ
周英明
小林よしのり氏推薦！

據說，西部邁準備在下一期《正論》上力挺金美齡，批判西尾幹二。西部下筆必然格高又痛快。我與西尾的論爭，台灣統派的《聯合報》很早就大肆報導，可見西尾馬上中國統派利用了。

「新歷史教科書編纂會」有重大貢獻
JC主辦、「教科書選定討論會」協辦的研討會她也積極協助
国民の歴史』
記念シンポジウム
年11月19日 東京ベイN.K.ホール
西尾幹二・井沢元彦・金美齢・小林
田久保忠衛
這樣的好人竟被「編纂會」會長背後捅刀到底是怎麼回事?
!?
「編纂會」的理事們按理說應阻止會長行動不可裝作沒看見，這才真正的叫做「禮節」
我可不能容忍同胞如此卑鄙行徑!
原本西尾就沒有好好讀我的《台灣論》頂多只讀了一些《SAPIO》連載而已下面這段文章就是證明
小林氏把親日派台灣人觀點視為台灣全土所有人的想法方法上是行不通的。如此掌握訊息既不正確，也會形成把願望當作現實的錯覺。
小林よしのり
台灣論
日本人とは何か!
「国家」とは何か!
我在《台灣論》中一再奔走，「想努力了解台灣人真正的心聲」
西尾書也沒有讀，卻率然指控與看不起漫畫作品的左翼無異
倒是中國很認真地做「小林善紀研究」
他們很清楚若忽略這本漫畫的威力可能會導致其自身利益受損
所以像西尾這樣把統派觀點視為台灣所有人民的想法簡直就是中國代言人!
在台灣發行後即使被統派媒體全面圍剿……
書店中本書還是平擺在最醒目位置
許多書店都銷售一空
台灣論
爽
這當然也證明許多台灣人覺得這本書很棒讀起來很「爽」!

我告訴你！隨便指控某人「把整個亞洲捲進來」，隨便貼標籤，說他是右翼、法西斯、軍國主義的時代，已經結束！中國與韓國，我問你們，你們的國家難道沒有能堂堂論戰的知識份子嗎？難道你們的國家，只能是一言堂嗎？

周英明在《日本啊、台灣啊》（扶桑社）書中說道：
為什麼戰後日本在中國大陸留下許多孤兒？台灣卻一個也沒有？請大家冷靜想想
原因是日本人撤退時要不是遭中國人搶劫就是被迫留下孩子充當勞動力才能換取少量食物與衣服
台灣人比日本人更不會記恨不會隨便敵視別人而會親切地主動交往日本人與台灣人在這點上是一致的
反之 在台灣即使戰後情勢混亂眾多台灣人還是為日本人舉行歡送會誠懇地為他們送行「情勢穩定後一定要回台灣來玩！」
謝雅梅小姐最近常向我抱怨
為什麼日本最近出版有些關於台灣的書籍，都說「台灣並非親日」⋯⋯
沒辦法自從我出了《台灣論》就有一堆人寫書強調「講親日是很失禮的！」
我可以驕傲一下嗎？
即使我的《台灣論》遭受台灣外省人媒體圍剿台灣人仍舊是親日的
眞受不了這些日本人竟然精神異常到希望台灣也變成反日
真是奇怪
可是 台灣人明明就是親日的！

特別收錄

新 文字版 傲骨宣言 SPECIAL

台灣是不可信的國家嗎？

為西尾幹二「進一言」

台灣人的親日感情

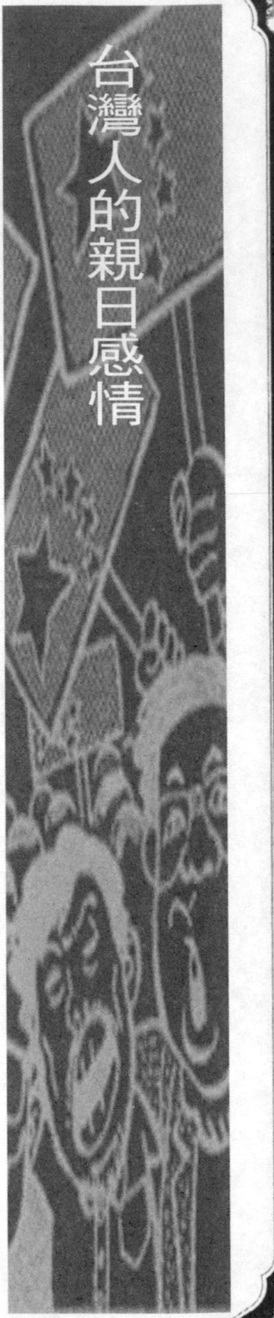

西尾幹二在「正因為深信 所以強烈質疑」（《正論》平成13年2月號）之中，抨擊「最近常有人強調台灣人的親日感情」。

「但我認為，如果時間與環境改變，台灣很有可能再度轉向反日。至於韓國若能成功地恢復自信，也不是沒有轉向親日的可能。」

「與韓國人的反日情緒相比，台灣人的親日語言雖可給我們鼓勵；但這其實是台灣遭受中國這個大鄰國威脅導致的結果」

西尾很早就如此主張，他在《正論》發表的「我的台灣紀行（下）」（平成12年9月號）如此寫道：

「韓國人的反日與台灣人親日，無非是一個銅板的兩面。戰後如果韓國被蔣介石統治，台灣受美國支配，兩個人民對於日本的心理反應，說不定會剛好相反。」

「旅日台灣獨派言談之間，常對日本表達善意，常被韓國人白眼的日本人，聽起來當然很舒服。但即使如此，我們也不可沈溺於此，不同的背景狀況導致不同的思考與判斷，台灣人親日，不過是美麗的歷史偶然。」

西尾幹二這裡大概是在說「旅日台灣獨派」金美齡與黃文雄等人「言談間對日本頗具善意」吧？金與黃等人親日的言論，西尾認為日本人聽起來「很舒服」，而且「頗受鼓舞」。確實，我也覺得非常難得，所以去年特別畫了《新傲骨宣言特別版・台灣論》。而如果我沒有寫這本書，大概也不會有這麼多論爭吧。

總之，還是讓我把話說清楚。我的看法是，即使旅日台灣獨派及親日台灣人言辭對日本釋放善意「背後隱藏著某種意圖」，我同樣深表歡迎、感謝。反之，見西尾如此執拗地警告日本人「不可相信台灣人的親日感情！他者應加以懷疑、警戒；貿然相信將失於天真」，已經獲得「驕傲」綽號的我再也忍不住，非向他「進一言」不可。其實，西尾曾指責日本國家代表隊柔道教練，說雪梨奧運柔道選手篠原比賽時，他們為何不能果敢地提出裁判的誤判。當時西尾說道：

「事關緊急，有道理就應堅持」、「對方判錯卻不加提醒，代表當事人無能，絕非可喜行為」。所以，就像西尾說的，因為西尾針對台灣關係的發言顯有「誤判」，以下就讓小生一一指出，並加以說明。

我畫台灣，都只選擇讓日本人窩心的部分嗎？

首先，我想針對西尾《正論》平成13年1月號之前有關台灣的文章，提出不同看法。

我在《台灣論》裡面，首先討論日本殖民統治正當性的問題。之後在戰前是日本人的台灣多桑世代身上，發現了日本本土已斷絕的歷史連續性，令我非常驚訝。我之所以想把這些狀況畫出來，可以說主要導因於仍習慣讀日本書、用日語思考的前總統、李登輝先生之魅力，以及他和中國霸權交手時毫不退縮的骨氣與高超外交能力，再加上李先生不執著於權力的無私奉獻與「阿莎力」（勇敢決絕）精神。無論如何，我得把這些狀況介紹給日本年輕人知道。

活過日治時代的台灣多桑們，對視死如歸、「勇敢、決絕」、「追求一生潔白」的日本兵有無限敬意，所以，「阿莎力」這句話至今仍被台灣人帶著敬意地使用。當然，我在漫畫中也確實指出，目前的台灣人並不完全像多桑世代那樣親日，因為戰後國民黨政府以中國話（北京話）為公用語言，為了教育台灣人成為「中國人」，並對年輕世代實施「反日教育」。結果大多數台灣家庭講的是台灣話，長輩給下一代的是強調日治時代美德的反中國教育。另一方面，學校規定講中國話，教育的目標是形塑學生「身為中國人的驕傲」。如此「私」空間與「公」空間自我認同的分裂，將如何影響台灣下一代走向？到底台灣年輕人認同的「故鄉・國家」，也就是，台灣年輕世代心目中的「公」是「台灣」？還是「中國」？這就是促使我熱情完成《台灣論》的主因吧。

我在本書中也指出，因為國民黨時代長期戒嚴，「中國式作風」使得「公共心」大受破壞，台灣人的自我認同因而面臨危險狀況。而此時的台灣人與日本人相比，顯然欠缺對整個社會的「歸屬感」，較盛行「個人主義」與「偏重學歷」、「拜金主義」等。除此之外，我也提到，台灣的經濟至上主義在全球化方針下，逐漸喪失了與中國大陸之間的界線，這將使得台灣人自身無從形成民族主義，台灣也有可能因此被中國整個吸納過去。雖然日本人在台灣留下了「日本精神」這種「德」的遺產，但在眼前中國價值觀與美國價值觀兩邊侵蝕之下，未來並不樂觀。我如此寫法，只怕台灣人看了心裡會很不舒服。我在書中也回顧日本，指出日本一味看中、韓與美國的臉色不能獨立搞外交，只會喪失國格，使自己弱化。

我主張，日本應基於國家利益，勇敢地在外交上打「台灣牌」。這是金美齡女士一貫的主張，某個程度上我同意這種「打台灣牌」做法。因此，我透過台灣多桑世代，如蔡焜燦先生、許文龍先生的見解，將日本殖民統治與歐美做法完全不同的狀況，介紹給日本年輕人了解。然而，台灣的媒體還是有人對我大加撻伐，說「日本右派漫畫家《台灣論》這本書，試圖利用台灣正當化日本的殖民統治」。

去年（二〇〇〇年）底，《中國時報》詳細報導我的《台灣論》之後，台灣電視與平面媒體立刻圍繞著《台灣論》的贊成與否，幾近瘋狂地熱烈討論起來。後來金美齡女士回去參加電視政論節目，極力為我辯護；我也在東京接受《中國時報》專訪，全文刊在元旦版面上。《中國時報》雖非獨派報紙，卻能詳實、公平地報導我的看法，可見年輕的台灣記者還是有頗具「公」眾精神的。

不過，整體上台灣媒體對這本書批判多於讚譽。這是意料中事，因為此事原本牽涉廣泛，相當複雜。首先，台灣媒體競爭激烈，盛行「腥羶主義」，有過度火辣、誇張批判的傾向。而媒體大多掌握在外省人手裡、立場親中，和日本主要報紙、電視被左翼控制的情況相同。

此外，日本人喜歡閱讀外國人評論日本的文章，所以《菊花與刀》、《日本人與猶太人》

(極力推廣本書的就是山本七平)以及最近渥爾夫蘭(譯按：Karel Ven Wolferen，荷蘭大報NRC亞洲特派員，寫了許多膾炙人口的文化評論與分析，目前活躍於日本文化評論界)的文章，都頗受好評。反之，台灣人重面子，對外國人的批評很容易反彈。特別是，當他們看到一個日本人和李登輝你儂我儂、大談台灣歷史，自然是忌妒不已。所以，《新台灣(New Taiwan)》雜誌刊載江冠明先生一篇評論「台灣論的新傲慢觀點」，非常善意地指出，「這是台灣媒體酸葡萄心理在作祟」。但報紙才稍披露書中內容就鬧成這樣，不久中文版上市，不知道我會被如何瘋狂地圍剿呢。

但我更憂慮的其實是，李登輝先生在《台灣論》的發言受到批判。以前我在台灣的書店，發現有關李登輝的書籍十本有八本在罵他。我想這也是理所當然的，日本針於小林善紀的書，不也差不多九成都是「批判本」嗎？我還不曾看過讚譽我的書哩。無可奈何，誰叫我如此有「領袖魅力」？

開了個玩笑，還請諸位看倌勿介意。倒是，對多數沈默的台灣大眾而言，李登輝先生確實至今仍極有「領袖魅力」。

總之，中文版發行已箭在弦上，我也將「稍稍傲慢地」以「他者」的角色，質疑「台灣人」能否形成自我認同，以及台灣人是否有切斷中國魔掌的決心等深刻的問題。事實上，這些問題也和日本密切關聯。因為一旦「台灣有事」，日本將被迫依照新的「指導方針」(譯按：指「新日美安保條約」)，做出適時的反應。我很擔心日本政府與媒體在台灣問題上被中國「統一」，也就是照中國的主張，認定台灣問題是「中國的內政問題」。情況會變成這樣嗎？《台灣論》中文版上市後，中國大陸也將讀到這本書，我得有所覺悟。

事實上，之前不久中共高層就曾質問日本國會議員訪問團，「為什麼日本政府不禁止小林善紀的《戰爭論》發行？」去年十二月中國社科院的研討會上，學者王偉彬也發表「《戰爭論》和日本的《新民族主義》思潮」這樣的論文。而《台灣論》對中國的刺激勢必比《戰爭論》大，因此，我早有面對類似奧姆真理教瘋狂攻擊的心理準備。

《國民的歷史》說法與事實之差距

西尾說道：

「最近我們終於漸漸了解，中、韓與美國人對日本有些惡意。但也不能因此看到有人（譯按：指台灣人）對我們表達敬愛之意，就高興得不知所措。所以我必須指出，正確地了解他者，給予適當評價，確是困難之事。」

「在此我想強調，沒有比日本人，或者沒有比日本的外交狀況，更能顯示出這種拿捏的困難。」

「大家都習慣認定，自己的善意他國一定可以理解，也會善意回應。類似這樣想法像小孩天真的人，日本政界與文化界比比皆是，令人遺憾。」

如果西尾這段話旨在批判盲從於中、美的日本政界、財界、外務省及左翼文化人士，我還能理解，不料西尾所謂「像小孩子天真的人」，卻包含李登輝先生、金美齡女士與蔡焜燦先生等「對日本表達敬愛之意的他者」，乃至於連我小林也在批判範圍內。即使西尾辯稱這是誤解，恐怕也無法掩飾其根深蒂固的觀念。

我的策略是，必須先在日本國內形成輿論，才能扼止日本政客與外務省繼續對中共採取朝貢外交；但西尾卻大潑冷水，態度高傲地說「期待他國善意相待，是孩童天真的一廂情願」。西尾如此說法不禁令我想起，之前諷刺「編纂一本教科書就能改變日本嗎？」因而惹惱西尾的「少爺保守派」、「犬儒主義保守派」，其作風其實與西尾並無兩樣。而西尾與「少爺保守派」、「犬儒主義保守派」等論客，其議論出發點都是世俗輿論依賴「社會人際網絡」的「私」感情。這正是我一向最厭惡的。

西尾強調「真正相信，就會認真地懷疑」，這句話在我聽起來，就像古板的老校長喃喃自語、不知所云。更嚴重的是，像西尾這樣長期在狹窄的「政論村」圈中呼風喚雨、一派文學家作風的人，卻徹頭徹尾是個不接受諫言的親中派。這樣的人為了蹂躪日本人的歷史觀，維護中國與韓國的歷史觀，以及反對日本人形成自我認同，甘願把我日本國民的自我認同暴露於危機下，並以ODA協助中國成為軍事大國，試圖讓日本再度被納進中華秩序之中。

西尾在他的暢銷著作《國民的歷史》「我如何看待目前的日韓關係？」一章中，針對台灣與韓國歷史教科書明顯差異的情況如此寫道：「我內心不由得產生複雜的悲痛與憤怒」。他又說：

「看到台灣與朝鮮看待日本殖民統治的立場差異，我不禁懷疑，舊日本總督府是否平等地對待這兩個殖民地？然而，按理說當時日本政府應當對朝鮮投注更多關愛眼神才對，沒想到結果卻與期待相反。我想其主要原因是，朝鮮人較有歷史與文化，他們甚至認為自己在接受中華文明方面，比日本更成熟、更優秀。」

我能理解、也同意西尾這項看法，也就是朝鮮人之所以痛恨日本，原因不在於日本統治朝鮮，而是二千年來「小中華思想」作祟所致。然而，沒想到西尾後來又改口，認為朝鮮人痛恨日本一事與「小中華思想」無關，和日本統治朝鮮也沒有牽連，而是戰後不同境遇導致的結果〔譯按：西尾認為，台灣戰後被蔣介石高壓統治，促使台灣人懷念起日治時代。朝鮮則受美國支配，因而形成批判日本統治的氣氛〕。西尾開始說，這些狀況都只是「偶然」。但問題是，如果真的是「偶然」，《國民的歷史》如下的說法，是否也應該撤回？

「中國國家主席江澤民訪韓時，韓國人為何沒有要求中國對於發動韓戰、蹂躪韓國的國土謝罪？俄國總統葉爾欽訪韓，談到大韓航空公司的客機在俄霍茨克海被爆破事件時，為什麼也沒有要求俄國道歉？反之，韓國人卻無理地要求日本政府謝罪。或許日本人應該用同情的態度理解，畢竟兩國之間有段難堪、充滿仇恨的歷史。」

我想，要評價我國當初對外殖民統治的意義，分析韓國的「反日」情緒與台灣的「親日」情緒異同，將是極有效的方法。目前學界與文化界充滿後殖民主義與文化研究氣氛，論客之多如過江之鯽，但我仍勇於選擇了面對凸顯日本殖民統治特殊性的困難〔譯按：小林獨樹一幟地認為，日本的殖民統治與歐美殖民統治不同，相對於歐美的「榨取型」殖民，日本在台灣及朝鮮的殖民統治屬於「投資經營型」。參閱《台灣論》中文版一三八頁〕。

西尾危險的假設

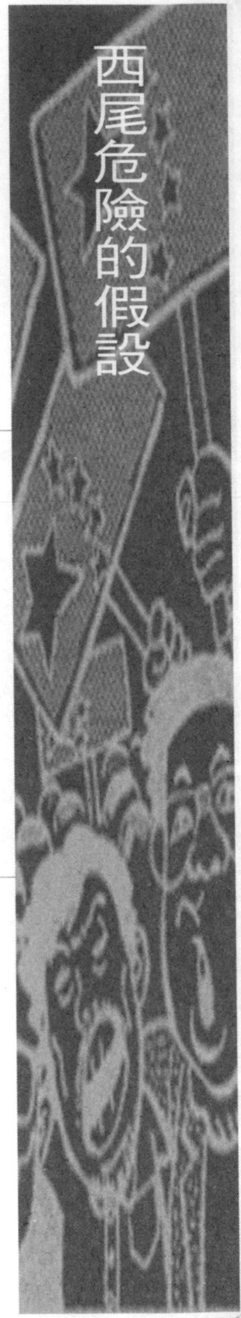

為什麼西尾會改變想法，認為韓國人反日不是「小中華主義」作祟？他說道：

「（台灣人親日）可說是蔣介石恐怖統治傷害台灣人、讓台灣人失望導致的結果。眼前台灣政治勢力有一半被中國大陸左右，但若時空改變，台灣也有可能轉為反日。」

「至於韓國如果成功地恢復自信，也不是沒有轉向親日的可能。」

確實，台灣老一輩之所以親日，主要是因為戰後受到國民黨鎮壓，使得日本殖民統治的辛酸記憶相對淡薄。我們常聽說，朝鮮人跨世代怨恨日本統治的情緒是「玩真的」。但事實上，台灣人也說「狗去豬來」（狗指日本人，豬指中國人）。由此可見，拜國民黨露出中國人猙獰真面目之賜，台灣人才原諒了日本人。

相對的，韓國人的反日情緒並沒有被稀釋。然後因為反日感情如此激烈，他們完全無法理性客觀地評價日本統治的是與非。照西尾所述「若韓國能成功地回復自信，也可能轉向親日」，我卻不禁懷疑，韓國人是否真能拋棄「小中華思想」？而且，所謂「韓國人成功地恢復自信」，到底是什麼狀況？到時候韓國經濟發展會比日本更好嗎？還是指南北韓完成統一？

然而，在目前情況下韓國要靠自己的力量統一，恐怕很難。西尾也知道，若南北統一，為了建設，日本可能得提供143兆日元援助。如此一來，韓國人又如何能恢復「自信」？韓國人常喝酒後開玩笑地說，「真想和日本打場仗，打贏日本！」如果真的這樣做，反倒可以一舉化解韓國人的日本情結（即反日情緒）。韓國人總是惋惜，如果當初沒有日本殖民統治，韓國人不必對日本發動獨立戰爭，或許就能靠自己的力量贏得獨立。他們甚至在電視劇中表達了這種想法（參照黑田勝弘著《韓國人的歷史觀》）。則西尾所謂「韓國人如果成功地恢復自信」，難道是指「韓國與日本戰爭而獲勝」

嗎？事實上也有與西尾完全不同觀點的韓國學者指出，近年來，韓國雖然經濟出現危機、部分銀行體系被ＩＭＦ（世界貨幣基金會）接管而喪失自信，但此時也正是克服「反日情緒」的契機。過去韓國人習慣把日本和併韓國的責任算在日本頭上，韓戰的責任則推給美蘇兩方；這次經濟出現破綻的屈辱，韓國人卻「只能心甘情願地承受自己力量不足的挫敗苦果，不能再有受迫害妄想，以及把責任轉嫁給別人的想法」。而且，「韓國經濟崩壞，一舉將過去無緣無故的驕傲姿態擊碎，促使國民反省自己內部的問題。這也將促使國家・國民・社會劇烈地重整。戰後韓國首度出現這種情勢，我想未來可進一步藉由回顧、反省過去歷史，漸漸克服反日情緒與反日思想」。

以上兩段話引自韓國人學者吳善花大作《拋棄「反日」的韓國》（ＰＨＰ研究所）。當然，這種「新情勢」今後將如何進展，我們還不清楚，但吳善花的看法顯然比西尾莫名奇妙設定「如果韓國人成功地恢復自信」，有建設性得多。話說回來，西尾「韓國人如果成功地恢復自信」的假設，就像小孩無理取鬧的主張、不知所云，當事人卻樂在其中。

我們不妨把韓國人的「反日」行為從「親日」的角度加以解讀。這其實是理所當然的，因為韓國人在前提上已經對中國精神屈服，所以產生「可以輸給別人，獨獨不可輸給日本」的想法。也就是與日本保持距離，以此形成自我認同。由於過度在意日本，韓國人甚至演變到沒有日本這個「對象」，就無法形成自我認同的地步。

容小生以較「傲慢」、「粗魯」的話講，就好像一個女人被男性始亂終棄，卻還是拼命抱著男人的大腿不放，好像沒有那個男人，她就失去求生意志。世上的男人會看得起這種女人、好好待她嗎？根據我個人的經驗，這是不可能的。如果是我，我會告訴女人「抱歉！我已經有其他喜歡的女孩了。」，或者「妳不是有個非常兇的老公嗎？如果妳想表達不滿，應該把妳老公的暴力行為痛罵一頓才對。」！

我要提醒韓國人的是，不可依賴任何人，只有靠自己才能站起來。如果他們能冷靜了解自立自強的道理，或許就能像台灣李登輝就任總統後編寫的教科書，冷靜地回顧、重新評價日本過去在韓國做過什麼。此時，他們應當會發現，日本人當時做了不少好事。

我對那些左翼知識份子與保守知識份子的做法深感厭惡。左翼知識份子總覺得自己對韓國有罪惡感，韓國人說的一定得照單全受，韓國人的歷史觀，也應全部給予肯定。保守知識份子，則普遍指責我是「強者心態」。他們討論日本歷史時，遇到與韓國有關的部分，一概採取懷柔態度，完全不敢碰韓國人的歷史陰暗面。如果韓國人繼續認為左翼與保守知識份子如此做法正確，韓國人將不可能恢復自信。最基本的條件是，他們必須有毫無掩飾、面對百分之百自我的勇氣。這是我必須一再強調的。所以，就像吳善花所述，眼前韓國經濟出現危機，正是讓他們看清楚自己的最佳契機。我也衷心期待，韓國人能往這方面發展。

但我還是有點悲觀，因為韓國人的「小中華思想」中毒頗深，所以當他們「親日」時，總會出現「事大主義」（為了自保，而依附強者）。這其實也是很可憐的，因為早期朝鮮民族被從中國大陸趕到這個半島，或許是本能的恐懼心理驅使，加上之後長期的歷史中，常被其他民族威脅，民族內部也不斷出現對立、紛爭，使得韓國歷史有太多不堪回首的地方。或許這正是他們不敢、不願面對過去的主因所在。後來韓國人出現「韓文民族主義」（意圖拋棄漢字，只使用自創的韓文文字），導致各種弊害。此事不禁令人擔心，韓國人是否有足夠的能力，分析、思考與自身意識有關的複雜問題。

最近不論台灣、中國與韓國的年輕人，都對日本次文化趨之若鶩；透過媒體，逐漸形成文化交流，漸漸地大家會問「什麼是亞洲人？」的問題。所以，恰克與飛鳥及口袋怪物好好做，也可以超越歷史認識，成為東亞人的共同認同。不過，這些終究都只是「私人」的層次，特別是韓國人雖然在「私」的部分親日，「公」的部分卻還是因為牽涉到國家意識，仍然一味反日。在韓國眼中，台灣是比日本更遠離中華的「野蠻之島」。韓國人到東南亞之所以常被討厭，我想主因也是他們總是露骨地輕視該地區人民「遠離中華文化」。

台灣則沒有以距中國遠近區分國家等級高低的「小中華思想」。但很可惜，台灣仍有一部分人被中國「磁力」吸引，缺少自我認同，中國對他們則有非常強大的吸引力。雖然在我看來，那根本是幻想，但日本老一輩顯然也有人持這種看法。在他們眼中，中國這個國家總給人歷史的浪漫想像。另外，左翼媒體常強調「21世紀是中國人的時代」以及「中國若成為經濟大國……」等假設。但問題是，日本未來的出路，以及我們應該做的，難道不正是擺脫這種危險假定的束縛，建立自主戰略嗎？

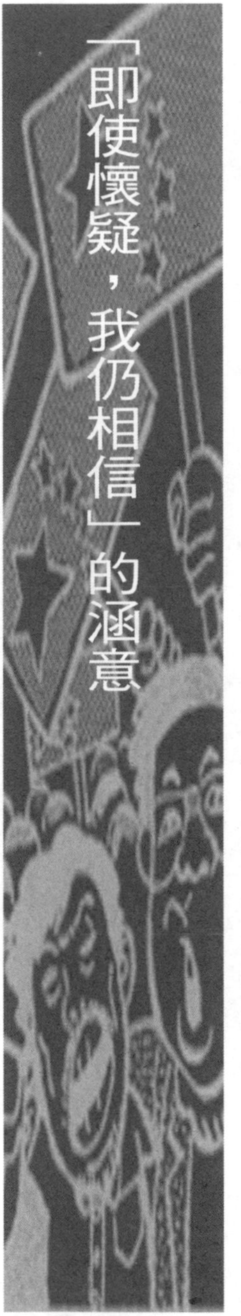

「即使懷疑，我仍相信」的涵意

台灣真的只是像西尾說的，因為戰後蔣介石恐怖統治以及當前中國大陸威脅，才使台灣人戰略地凸顯親日感情嗎？旅日台灣人真的只是為了自國利益（我倒覺得這點非常可敬）採取媚日言論，卻和大多數台灣人的意願背道而馳嗎？我當初就是懷疑西尾這類假設，才會著手繪製《台灣論》，並且除了旅日台灣人之外，還擁有其他可靠管道，持續蒐集資訊、了解台灣當地狀況。

前述台灣人親日，但嚴格講，這種現象只局限在經歷過日本殖民統治的老一代，以及十幾、二十歲熱衷日本次文化的哈日族。至於讀國民黨「反日」教科書長大的世代，雖然沒有韓國那麼激烈，但還是有不少人敵視日本。另一方面，目前三、四十歲的台灣人，因為明顯受美國影響，對日本的好感相對薄弱。

即使陳水扁總統也是讀反日教科書長大的，加上日本與中共建交以來，一直對台灣採取冷淡態度。所以，李登輝想私人訪日卻一再被拒絕，台灣人反彈是理所當然的。日本政府甚至無禮到拒絕陳水扁派遣特使前往參加已故首相小淵惠三的葬禮。如果陳總統因此對日本失望、厭惡日本，也是合情合理。

然而，看到今年出版的左翼雜誌《世界》二月號專訪陳水扁總統的文章，我嚇了一跳。專訪部分內容如下：

──有關日本人對台灣的了解，最近許多日本人都覺得，好像台灣人普遍肯定過去日本的殖民統治。所以我想請教總統，您如何評價日本殖民統治？

陳 任何殖民統治我都不喜歡，也不可能認同。

然而，日本的殖民畢竟是台灣歷史的一部分，我必須加以承認、尊重。

因此，我擔任台北市長時，即使市議會各黨派議員要求拆除日治時代所有建築，我仍加以拒絕。因為我認為，雖然不喜歡，但那些已經是台灣歷史的一部分。

以各位目前所在的總統府為例，乃是殖民時代總督府。政府高層接待外國訪客常用的台北賓館，同樣是殖民地時代建築，也就是總督官邸。這些我都認定是重要古蹟，應該重視。

陳總統的做法令人敬佩。他市長任內注意到林森北路的公園預定地（譯按：十五、十六號公園）有一座前總督明石元二郎的墓地，將該墳墓遷移他處，在原址樹立紀念碑，做中、日、英文相關解說，強調最重要的是，不可拘泥於過去的仇恨。陳總統在《世界》專訪中繼續說道：

陳 台灣之所以有現在，乃是因為我們有過去。所以，我想我們不能忘記，也不能不感謝過去日治時代進行的基礎建設。因為有過去的歷史，才有現在的歷史；因為有前一代的努力，才有這一代以及下一代不斷的成長。歷史是不會停止的。不管有什麼歷史形態，我們都要本土化與國際化兼容並蓄。更重要的，我們必須隨著歷史發展不斷地成長下去。

《世界》的記者顯然想導引受訪者批判日本殖民統治，不料陳總統的回答如此寬容且深具哲思。他的氣度恢宏不禁讓我想起，陳總統曾當面建議我「漫畫這種媒介，什麼都可畫。不妨請您畫一本台灣歷史」。面謁陳總統時，當時他就任不久，似有生疏之感，但受《世界》專訪時，顯然已能侃侃而談。所以雖是左翼雜誌，我仍感謝他們能讓陳總統發聲。讓我們再看一段陳總統頗有意思的一段話。

陳 今天台灣的存在，對日本應該只有好處。如果台灣變成中華人民共和國的一部分，日本的安定就會立刻受到威脅。台灣海峽對日本人而言，同樣是生命線。日本所需物資必須經過台灣海峽，所以，台灣海峽出現危機或者戰爭，不只台灣，日本、美國乃至於美國在西太平洋的地位，都會遭受威脅，陷於不利狀態。

此君果真大格局，值得信賴！

蔡焜燦先生在其著作（《台灣人與日本精神》，（我認為這是一部名著）中指出，日本殖民統治留下了「公」的精神。甚至可以說，這種「公」的精神正是促使台灣人與中國人分道揚鑣的關鍵因素。有關台灣人在日治時代養成嚴格的守時與重視衛生觀念等「公共性」的提升，陳總統提到的「基礎建設投資」，這些在目前台灣新版歷史教科書中，都有詳細記載。當然，如果台灣未來轉向反日，這樣的歷史教科書可能再度改寫。只不過，身為「新歷史教科書編纂會」會長，西尾完全不重視台灣目前狀況，實在很奇怪。

比較台灣的新歷史教科書與韓國歷史教科書，明顯可發現台灣並未對下一代實施反日教育；韓國則透過教育，不斷培養反日國民。作為緊鄰大陸的島國，日本與台灣當然得持續警戒中國。不只處境類似，兩國都很怕中國，所以我想日本人有必要好好研究台灣先被中國拿去的可能性。在這個過程中，台灣如何抗爭，中國又採取什麼手段，都得好好了解。

中國霸權主義染指台灣後，魔掌就會伸向沖繩。現在中國的地圖還是把沖繩認定是自己的領土。前總理李鵬六年前與澳洲總理會談時，還曾揚言：「哼，那個國家（指日本）二十年後要消失不見」。而中華思想無孔不入。眼前日本政客與外務省官員早已備受洗腦，這些人的行徑也簡直是足利義滿始行日本長期對中國「朝貢外交」〔譯按〕的翻版。

〔譯按〕：室町幕府第三代將軍足利義滿（一三五八～一四〇八）傾心中國文化，致力恢復遣唐使以來斷絕已久的日中國交，一四〇二年，他受明惠帝策封為「日本國王」。

台灣成敗關鍵在於能否確立自我認同

最近許多人認為，「中華思想」也面臨了歷史轉捩點。也就是中國只有實施全球化政策，才能繼續生存。《朝日新聞》平成十三年元旦的社論寫道，「中國的『全球化』給人世界一家的感覺。任何困難問題只要『全球』一起想辦法，應該都能找到解決辦法。」一派樂觀看法。

看樣子，《朝日新聞》把中國所謂的「全球化」視為指「地球市民」的理想主義用語。然而，中國加入ＷＴＯ（世界貿易組織）後，冒險改變國內經濟體制的同時，其政治體制能否承受得住衝擊，恐怕是令人擔憂的豪賭，《朝日新聞》卻似乎對此毫無了解。

根據中國人口問題專家若林敬子的說法，即使持續一胎化政策，中國每年仍將增加一千萬人口相當於東京都的人口；而其「過剩人口」，據說也和日本總人口差不多。眼前沒有工作的「盲流人口」，部分已偽裝成難民或者集體偷渡，非法進入日本。所以，中國的「全球化」，其實是把自己過剩人口分散到全世界的「全球化」；也是一種急遽發展市場經濟過程中，把環境污染推到外國的「全球化」。

總之，此類政治體制與經濟構造的巨大矛盾與衝突未來如何演變，幾乎無人能預測。說不定21世紀之初我們就會很快看到，中國民眾或者中國軍方爆發激烈的中國民族主義。

正當大陸面臨改變之際，台灣也從今年開始推動與中國「小三通」（通訊、通商、通航）、局部對中國開放金門島與馬祖列島。日本的報紙大多報導了陳水扁總統的新年賀詞，特別是其中有關將對中國全面開放投資的政策轉變。讀到這項報導，我想大多數日本人都會認為「台灣未來會和中國統一」。

陳總統這項政策宣示真意何在，得好好研究。難道他是因為股票不斷下跌、無法抗拒工商界壓力，才勉強與中國全面三通？然而，仔細探討，台灣人前往大陸，特別是內陸地區，按理說不會有人特地坐小飛機到金門與馬祖，再坐船進入大陸，而會照目前的方式直飛香港，更為便利。所以，這項政策充其量只是讓猖獗的走私貿易合法化而已。

若然，這次「小三通」即可視為陳總統與中國抗衡時常制敵機先的戰略手法。亦即，這是一種宣傳戰，目的是昭告海外：我們台灣為了與中國和平共存，不斷釋出善意、主動交往。當台灣如此對中國示好，如果中國還是威脅不排除以武力統一，自然就會被國際社會批判。

台灣在這點上，處境不同於日本，他們在隨時面臨國家存亡危機之下進行的外交努力，非常值得我們參考、學習。我想台灣當局不會莽撞地選擇以戰爭解決問題，迫使國民犧牲性命；也不會只為了生存而拋棄國家尊嚴，變成只會搶錢的奴隸。台灣如此想盡辦法與大國周旋、以小搏大的精神，實在令人佩服。只可惜，在《朝日新聞》眼中，台灣不是一個「國家」。

另一方面，台灣企業加速投資大陸，令人擔心。對此，李登輝先生與我們對談時屢表憂慮，他並且警告：「大陸投資是自殺行為」、「若再能忍個八年，結果就會很清楚」。這段對談刊載在《SAPIO》上，被台灣報紙轉載，親中的報紙立刻群起指責：「對日本人講一些有的沒有的。難道李登輝想製造台灣混亂嗎？」至於工商界投資大陸，則多半是所謂的「兩害相權取其輕」。他們之所以不願深思李登輝的警告，我想主要還是因為他們太缺乏作為台灣人的自我認同，因而無法抗拒中國的親近感及吸引力。

從國防觀點看台灣，我總覺得，國民自我認同不足是很危險的。目前台灣人自我認同不足的危險狀況，雖和喪失國家觀的日本人（最具代表性例子是《朝日新聞》）頗不同，但台灣人也不能因此安心。

台灣方面，語言主導權被剝奪實在是致命傷。這點台灣顯然差日本很多。在國民黨統治下，台灣人被迫以北京話為公用語言，等於被中華文明套上了巨大項圈，台灣人很可能因此必須受中華文明擺佈。所幸，台灣人家庭日常生活還是講台灣話。所以，只要他們的自我認同還不固定，不認為自己是中國人，還是有很大「逆向噴射」、擺脫中華磁力圈的可能。

在政治體制方面，與中國分道揚鑣而蛻變為民主國家的台灣，終究能否確立以台灣為主體的自我認同？台灣民族主義能否形成？討論這組問題時，我們難道應該鸚鵡學舌地複誦後現代學者說法，也就是「民族國家是十九世紀過時的觀念」？即使是「民族國家」這種觀念已經老舊，但如果「國家」真的完全消融在文明之中，對於民眾真的是好事嗎？這是我非常感興趣的問題，針對這組問題，未來有必要深入探討。

既不是鄉愁式懷念，也不是自戀主義

我在《SAPIO》雜誌連載的《新傲骨宣言》中專題討論台灣之後，左翼學者立即抨擊，說此舉是部分國家主義右派份子結合台灣獨派，陶醉在鄉愁式懷念及自戀主義情緒中。這些批判我都已藉由《台灣論》，一一加以駁斥。我想左翼人士是打算回溯討論台灣被日本殖民的問題，藉此批判批判日本帝國主義的，然後進一步發動「資本主義也是帝國主義一種形態」的論述。如果說左派的最終願望在於消滅國家，自然就會批判《台灣論》的寫法是「國家主義右派與台灣獨派同流合污」。但更令我驚訝的是，西尾的批判竟然與左翼人士對我的攻擊如出一轍。

我當然不能同意左翼與西尾的批評。就像我在《台灣論》後記中指出的，任何人都不能輕率地把肯定「日本帝國主義」與右翼民族主義劃上等號。在我看來，試圖以全面肯定過去日本人作為激勵虛弱不振的日本人信心，並非可行之道。我相關討論，都徹頭徹尾從歷史認識的觀點出發。而台灣獨派人士的證言，也充分反駁了認為日本殖民統治無異於歐美殖民統治的戰後民主主義錯誤看法。我必須再次強調，日本人並沒有不像「狩獵民族」歐美人那樣，因為徹底的人種差別意識作祟，結果把殖民地人民當作野獸看待。

我接受《SAPIO》編輯的建議，踏上台灣這塊土地，也遇到了幾個在司馬遼太郎名著《台灣紀行》中登場的人物。他們大多是一見如故的親日派，不免讓我懷疑，自己會不會被台灣獨派「一小撮人」矇騙了？事實上，在台灣時我曾說了一些《台灣論》沒有寫出來的話。某日在眾人為我舉行的歡迎宴席上，我對台灣獨派人士起了疑心，語氣激烈地對他們說道：「你們認為我關心台灣是多管閒事嗎？或者你們覺得，事情緊急時我會過河拆橋、見死不救？」我說完，整個現場鴉雀無聲、氣氛相當凝重。

但後來獨派人士開誠佈公地告訴我，台灣的問題令他們相當苦惱，有些話很難對單純的訪客講。而即使我能感受到獨派人士的誠意，願意相信他們，但坦白講，我還是沒辦法打自內心信任包含外省人在內的所有台灣人。

因此之故，如果不久之後台灣被中國的「磁力」吸了過去，到時候我也會放棄對台灣的期待吧。不過眼前，我想還是應該努力看看，也就是想辦法和對自己表達善意、敬意且有共同利害關係的台灣人互動，用理解對方「他者性」、不流於感情用事的態度積極合作。比如，台灣新浪潮電影《多桑》描述了台灣老一輩對日本的憧憬，日本年輕人不妨把這點當作先人們留下來的可貴遺產，好好珍惜。

台灣海峽對日本確保自己的海上航線（Sea Lane）安全，難道不重要嗎？如果日本想抵擋中國、圍堵中國，台灣不是非合作不可的朋友嗎？即使日本外交打台灣牌，誰曰不宜？只可惜日本人完全不了解，李登輝等「日本統治世代」的台灣人，對維護日本國家利益有多難得的貢獻。而要珍惜這類情緣，眼前是唯一的機會。像我這樣戰後出生的日本人，想緬懷、見證殖民統治時代的種種，當下是唯一機會，錯過就不能重新再來。這一切簡直就像時空膠囊，都活生生地保存著。對日本人而言，台灣確實是珍貴的國度，因為在這裡，我們可以如在目前地、非常真實地體會到戰前的狀況，以及歷史演變遺留的痕跡。

不妨再讓我們看一次西尾的話。

「大家都以為，他國的人可以了解自己的善意。許多人甚至像孩童那樣天真地認為，可以和他國之人攜手合作。但令人遺憾的，這是非常危險的做法。因為真正的相信，必須基於深刻的懷疑。」

但問題是，不論是相信還是懷疑，最重要的是應好好地把「他者」研究一番，「他者」到底在想什麼、有什麼意圖？都應先看清楚。比如，台灣出現批判《台灣論》風潮，戴國煇是其急先鋒學者之一。但實際上，他可能連《台灣論》都沒讀過，卻蓄意中傷，只根據刊載於《SAPIO》的我與李登輝對談，就激烈批判李登輝。這位學者於今年（二〇〇一）一月九日驟亡。希望他能往生西方極樂淨土。戴國煇生前與台灣獨派對立，是社會主義者。他出身東京大學，八〇年代回到台灣後，在李登輝擔任主席的國民黨內任職，但不久被迫辭職。總之，他是國民黨支配台灣時代，在日本說話也很大聲的中國統派學者。但後來台灣民主化，他不論在台灣與日本國內都不再受青睞，發言地位被金美齡等獨派取代。

總之，我懷疑西尾被大中華主義的反李登輝派、反《台灣論》派包圍，不斷被洗腦。我也擔心，像西尾這樣原本信念不堅的人，如果為了「懷疑」而拼命接觸錯誤情報，不僅無法產生精深的學術見解，還可能被中共利用。

當然，如果完全不理會中國、韓國與北韓的反應，一廂情願地相信自己的善意別人都會願意接受〔譯按：試圖拉攏台灣對抗這些國家〕，如此做法同樣危險。只不過，如果連有選擇地與他者〔譯按：指台灣〕合作的勇氣都沒有，則我也不會加入「新歷史教科書編纂會」了。只可惜事實已顯示，不認同這個組織做法而中途開溜的人為數還不少。

與左翼的「if」無異的錯誤

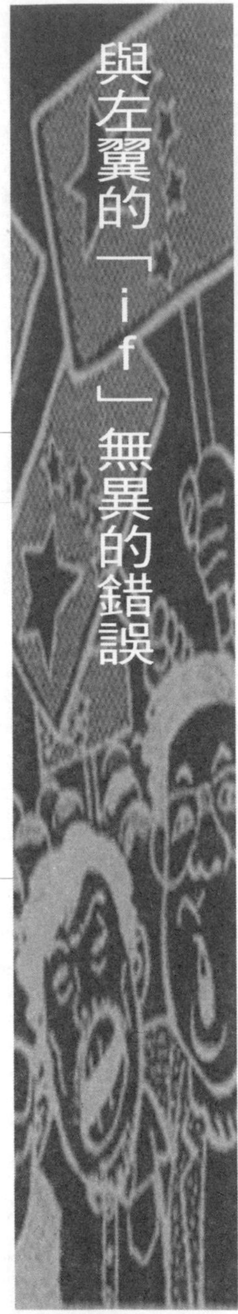

最後，我願指出西尾論文關鍵錯誤之處。首先，讓我們再看一次本文最初引用的西尾說法。——

「韓國人反日與台灣人親日，是一個銅幣的兩面。戰後如果韓國被蔣介石控制，而台灣被美國統治，這兩個國家對日本的反應，說不定就會正好相反。」

西尾這段話到底想說什麼？正規訓練的歷史學者聽到「台灣被美國統治」這種假設，一定會覺得莫名其妙。事實上，韓國「被美國統治」，也是二次大戰之後三年的事情，在那之前，蘇聯軍隊早已進駐北朝鮮半島，再加上戰後之際，美國根本還沒想到韓國未來應如何處理的問題。

然而，美蘇在朝鮮半島的冷戰迅速展開，一九四五年十二月，美、蘇、英、中等國家決定對朝鮮半島實施接管，協助其成為獨立國家。這項決定發佈後，南朝鮮人反對託管，北方共產黨卻贊成，完全捲入美蘇對立、內訌的狀態。之後三年，南韓單獨舉行選舉，由亡命美國歸來的李承晚取得政權，新國家名為「大韓民國」。關於李承晚，西尾的論文完全沒有提及。李承晚或許可視為美國的代理人或傀儡，他是強烈的「反共主義者」，統治期間實施白色恐佈、殺害許多韓國人，並且推動「反日教育」。這些做法與台灣的蔣介石竟不謀而合。當然，蔣介石背後也有美國撐腰。

西尾或許也認為，戰後韓國處境沒有台灣那麼糟糕。但事實不然，國土被一分為二、南北對立、李承晚實施白色恐怖政治，韓戰爆發被北韓與中國聯手入侵……照西尾的假設，如果戰後蔣介石控制了韓國，為了讓「已經快成為日本人的韓國人變成中國人」，理所當然會實施「反日教育」；因為堅持「反共」，蔣介石在韓國也必然進行「白色恐怖」統治，要求韓國人接受北京話教育等等。到此為止，事情可能和戰後的台灣一致；但接下來情況可能完全不同。

依我看，如果韓國當初真的被蔣介石掌控，說不定會出現令人意外的結果，也就是韓國人很輕易地就「中國人化」。因為韓國人一向有「小中華思想」，對過去中國人的欺壓逆來順受，歷史上也有許多韓國人努力想同化為中華王朝成員。再加上成為「戰勝國」「中華民國」，對戰後的韓國人而言，應該也有很大的吸引力。至於「小中華思想」與老本家「中華思想」結合，說不定會產生更強、更棘手的反日民族主義。因此之故，西尾期待韓國人「親日」，根本是不可能實現的逆說（paradox）。

接著，西尾假設「如果台灣被美國統治」論點。或許西尾是假定一個狀況，就是戰後台灣由李承晚這類亡命美國的「台灣人」掌控政權，並以反日教育「促使幾乎成為日本人的台灣人變成台灣人」……但如此假設卻是天大的錯誤。因為「台灣人」這個觀念，是這幾年李登輝主政時才誕生的。反之，韓國人在日本統治之前，已有長達數百年的李朝王國〔譯按〕，長期以來韓國人以「朝鮮民族」自誇，也因此，他們才如此痛恨「日本剝奪其民族獨立」。

〔譯按〕：指李成桂於一三九二年建國，國號朝鮮，定都漢城，國土遍及朝鮮半島。一八九七年改國號為「大韓」。一九一〇年日本併吞韓國，李朝滅亡。

相對地，台灣這塊地方一向被視為原住民與大陸移民相爭的「化外之地」、「荒島」，而不是一個「國家」。因此，當然不會有「台灣人」的共同民族意識。事實上，一直到日本統治時代，他們才開始有「國民」的一體感，漸漸產生民族主義。也就是說，幾乎一直到李登輝時代才強化確立的「台灣人意識」，亦即推動形成「民族國家」的民族一體感（只不過還沒完全落實而已），是在日本殖民統治時代奠定基礎的。

換言之，因為台灣原本沒有獨立的民族，所以不會產生「被日本人剝奪民族獨立」的反日歷史觀。也因此，這些年來台灣的歷史教育目標逐漸從「把閩南人、客家人、原住民、本省人都教育成中國人」，轉換為「創造台灣人」過程中，教科書中的反日色彩便一再淡化。這不就是最好的證明嗎？

不知道李承晚這件事的西尾熱心地做出簡單假設——「如果美國統治台灣」……但事實上，如果美國真的統治台灣，會出現什麼狀況，我們不妨看看帛琉共和國、密克羅尼西亞聯邦、馬紹爾群島共和國以及馬里亞那聯邦等南洋島國，戰後被美國託管，不過是淪為氫爆的實驗場而已，美國人完全沒有在當地進行任何基礎建設。該地區的基礎建設幾乎都是日本統治時代留下來的，也因此，南洋這些島國至今立場親日。所以我要說，有骨氣的帛琉共和國「萬歲！」

總之，要假定歷史可能會怎樣發展，按理說應該做一番模擬才對。然而，西尾完全沒有深思就做出「若韓國被蔣介石、台灣被美國控制，親日與反日的狀況就會相反」的粗糙假設，不只一點意義也沒有，更自曝其短、顯示其歷史認知與左翼所謂的「若無日本對外侵略，亞洲必定和平」的假定一樣，粗魯又無知。最後，我們再回顧西尾論文的主要問題之一。——

「韓國人為何不要求中國對其參與韓戰、蹂躪韓國國土一事道歉？」

答案應該已經很清楚，因為韓國人有台灣人所無的「小中華思想」。

我可以驕傲一下嗎？

總之，在懷疑或相信他者之前，應先強烈質疑自己的知識，以便更堅定地去相信它。

百合美女--

秘書金森的一天

好睏
有消夜嗎？
肚子餓了
烏龍麵嗎？倒是有拉麵……
不，我想吃飯糰之類的
辦公室嚴禁提到飯糰二字
啊！
哼！
百合美女為何突然發飆？
其實是因為
她根本不會做飯糰
可是我最喜歡吃熱飯包上海苔的梅干飯糰啊
口水直流
沒辦法百合美女我臉皮雖厚手皮卻非常的薄所以沒辦法碰熱飯
人家都說我是一雙嬰兒手哩
燙、好燙！
沒辦法只好使用冷飯做飯糰
好了，請用！
飯是冷的
好難吃！
好，看我卯起來做給你們看！
哼、誰怕誰
喔、媽咪呀
這是什麼東東？
軟ㄌㄨㄌㄨ
請用，飯是熱的哦！
妳連個飯糰都不會包啊！
人家太燙，包不起了嘛…
老板的臉也氣得像飯糰了。
GIRI GIRI

註：飯糰ONIGIRI生氣的鬼臉(ONI)咬牙切齒聲(GIRI GIRI)此一日語雙關俏皮話，只能意譯。

第137章
我被台灣當局
禁入止境!
新傲骨宣言
SPECIAL
怎麼會這樣?
我……
哎
我真是丟臉!
想不到親日的台灣卻……
我好像被情人甩了似的…
台湾論で「好ましからざる人物」
小林氏の訪台 当局拒否
「台湾論」の小林よしのり氏
異例の入境禁止
小林よしのり氏
台湾が入境禁止
我被列入台灣的……
黑名單!
禁止我入境台灣
這回糗大了
請不要大肆宣傳喔!

所謂「禁止入境」，就是「禁止入國」的意思。雖說世界之大，但讀者諸君，您聽過僅僅因為畫了一本熱愛台灣的漫畫書，就被列入「黑名單」的情事嗎？台灣存在著狂烈的「反日」與「反台」主義者，他們最懼怕的，是真正的民主主義。

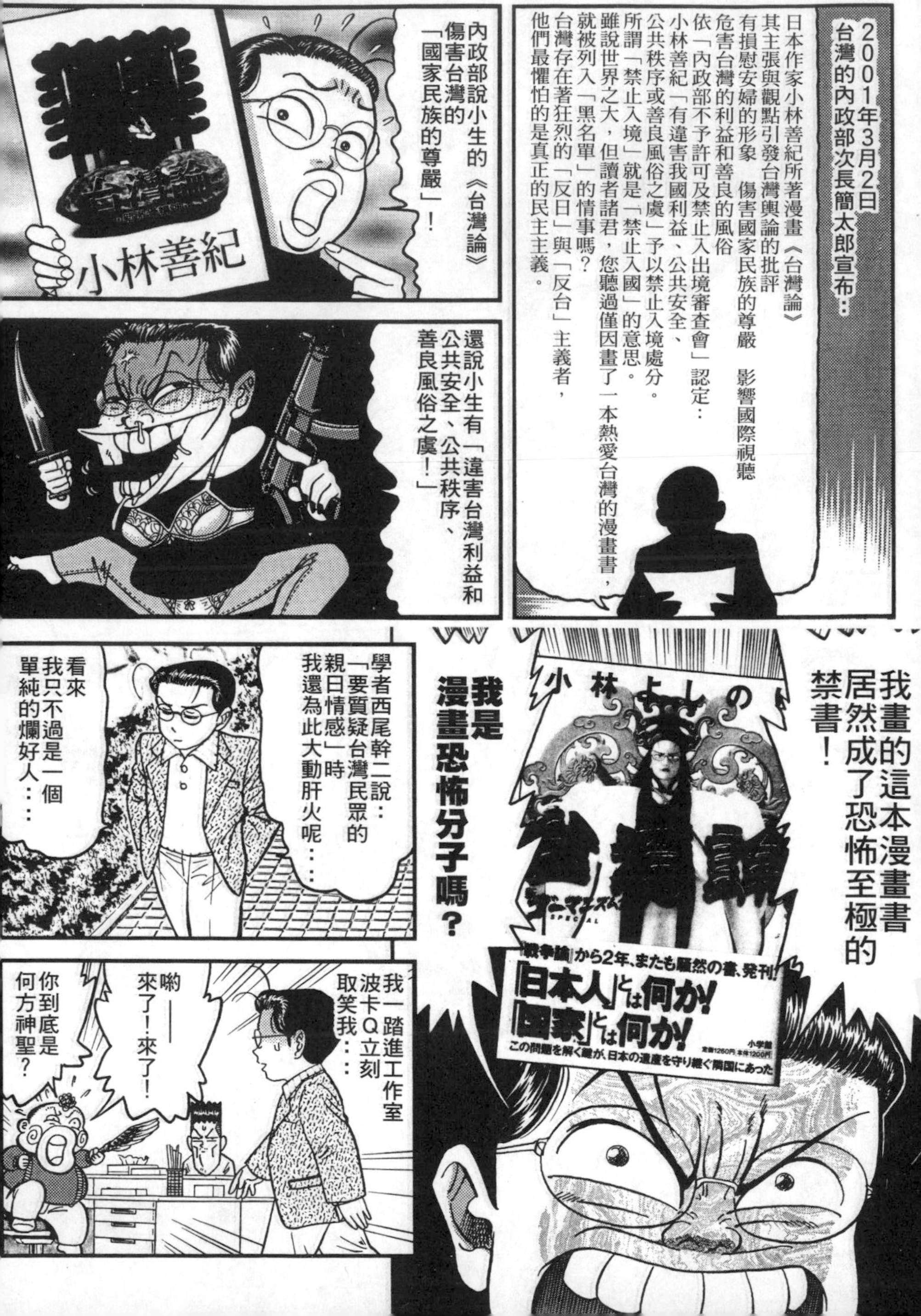
2001年3月2日台灣的內政部次長簡太郎宣布：
日本作家小林善紀所著漫畫《台灣論》
其主張與觀點引發台灣輿論的批評
有損慰安婦的形象　傷害國家民族的尊嚴　影響國際視聽
危害台灣的利益和善良的風俗
依「內政部不予許可及禁止入出境審查會」認定：
小林善紀「有違害我國利益、公共安全、
公共秩序或善良風俗之虞」予以禁止入境處分。
所謂「禁止入境」就是「禁止入國」的意思。
雖說世界之大，但讀者諸君，您聽過僅因畫了一本熱愛台灣的漫畫書，
就被列入「黑名單」的情事嗎？
台灣存在著狂烈的「反日」與「反台」主義者，
他們最懼怕的是真正的民主主義。
內政部說小生的《台灣論》傷害台灣的「國家民族的尊嚴」！
小林善紀
還說小生有「違害台灣利益和公共安全、公共秩序、善良風俗之虞！」
我畫的這本漫畫書居然成了恐怖至極的禁書！
小林よしの
『戦争論』から2年、またも騒然の書、発刊!
「日本人」とは何か!
「国家」とは何か!
この問題を解く鍵が、日本の遺産を守り継ぐ隣国にあった
小学館
我是漫畫恐怖分子嗎？
學者西尾幹二說：「要質疑台灣民眾的親日情感」時我還為此大動肝火呢……
看來我只不過是一個單純的爛好人……
我一踏進工作室波卡Q立刻取笑我……
喲——來了！來了！
你到底是何方神聖？

目前中文版《台灣論》已狂銷12萬冊！依人口比例換算，相當於在日本印行72萬冊，還出現一書難求的現象。為了支持出版自由，甚至有民間團體、上班族和學生自購《台灣論》分送市民的贈書活動。台灣人，加油！

你一定是幹了什麼壞事對方的國家才會禁止你「不要再進入我國」的吧？
被列入黑名單的人到底是一副什麼德性呢？
我只不過畫了一本漫畫嘛！
我在台灣才剛嶄露頭角
別再煩我了
你不要那樣糗我好嗎？
我既不是恐怖分子也沒有使用暴力
喲，那你幹了些什麼？
難道只是因為這樣就被扣上黑名單的嗎？
到頭來我的熱情好像被潑了冷水
嗚呼！是我一廂情願？
…
被大家指指點點
我…真是丟臉羞得快要無地自容……
民主化之後居然還有因為言論問題而登上黑名單的嗎……
我怎麼辦……
以後再也不能去常光顧的餐廳吃吃喝喝了……
小林先生聽說您被列入黑名單？
Wine List
哎……我只是想把自己對台灣的觀察畫成《台灣論》
傳達給日本人了解為了台灣與日本好也在台灣出版了這本漫畫書而已
結果卻換來「禁止入境」的處分……

《朝日新聞》的報導有意把事件曲解成：許文龍對自己在《台灣論》中的說法完全認錯似的，許氏堅持日軍絕不可能強行抓人（慰安婦），他之所以道歉，是為了避免對慰安婦造成二度傷害。台灣的新聞媒體自始至終就是虛構許文龍「慰安婦自願說」的始作俑者！各位，千萬不要相信《朝日新聞》和外省人聯手操控的媒體！

遺憾的是 台灣 沒有「言論的自由」
也就是說 台灣不是「民主國家」
現在 我不得不做出這樣的判斷
為什麼事態演變成這種地步呢？
首先 我必須對讀者說明事件的經過
2月21日 婦援會和幾位立法委員在台北召開記者會 嚴詞批判許文龍在《台灣論》中的說法污辱慰安婦的尊嚴等等，並要求停止出版
但許文龍的意思並不是指現今出面控訴（日軍）的慰安婦 而是當時的一般情況 對已是從娼者而言 軍隊的衛生管理比民間做得好
不過 這些外省人原本就無意心平氣和討論 只知譴責而已
看來《台灣論》這本漫畫觸動台灣人的自我認同 對始終不肯放棄統治權力 佔台灣人口不到15％的外省人來說 特別是大統派 看得咬牙切齒
他們害怕台灣人的覺醒嗎？
我認為必須消弭省籍對立
共同為台灣打拼至為重要，可是……
掌控媒體的統派 恨不得將《台灣論》除之而後快 於是開始展開連手攻擊
為了徹底打倒《台灣論》在媒體上大肆渲染「慰安婦問題」 蓄意對本省人製造「小林善紀＝沒有人性＝惡」的刻板印象
拒讀《台灣論》！
封殺反對意見！
消除李登輝的影響力！
禁止作者入境（台灣）！

在這次「台灣論」引發的風暴中，我看到部分本省人出賣靈魂，替外省人為虎作倀的嘴臉，我會把這些畫下來，羅福全先生，《中國時報》的專訪我已看過囉，我全部看在眼裏，這些傢伙，完全不知道小生的厲害。我要畫出「國王的新衣」的醜態！不過話說回來台灣的外省人媒體其惡行惡狀格外卑劣，這些資料全在我的掌握之中。

於是在各平面媒體、電視開始對《台灣論》展開瘋狂的攻訐
「慰安婦問題」連本省人也抱以同情暫時停止了思考……
社會上瀰漫著一股情緒性的反《台灣論》的氛圍
台灣論
小林善紀
譬如，拒買《台灣論》
向許文龍先生的公司丟擲雞蛋
蔡焜燦先生也受池魚之殃
在2月26日記者會上親民黨立委提議把小林善紀列入不受歡迎人物打入黑名單禁止入境
婦援團體與新黨立委馮滬祥等支持者甚至撕毀日本國旗激情演出政治秀
他們終於出手燒毀《台灣論》！
一場中國式的「焚書」劇！
也燒掉我的巨幅人像助長氣勢
完全把台灣打成「反日」的一方！
川田文子等聲援慰安婦的團體為了支持外省人掀起的「反日」運動特地從日本來到台灣舉行記者會也對我喊話叫囂
而有一家書店的年輕女店員 卻挺身而出 她的一番話幫了台灣人一個大忙
你們不能這樣！不要燒書！

有關教科書編纂的問題，日本也成了中國和韓國的走狗。《朝日新聞》、《每日新聞》、《東京新聞》等，惡劣行逕與台灣的外省人媒體難分軒軒。今後，我將另闢章節繪製「媒體論」，為歷史留下記錄。

外省人媒體點燃了戰火
「台灣論旋風」
一時不可遏止
2月24日
小生接受中央通信社和
《中國時報》的訪問時指出
自己的發言造成許文龍和蔡焜燦先生的困擾
甚感抱歉，希望
事態緩和下來……
在訪談中
我說台灣方面的反應
是歇斯底里
更激怒了有心人士
竟然說我們
是歇斯底里——
台灣的事情
不用小林善紀
你這個外人
說三道四——
你這大逆不道的
「畜牲」——
2月25日
凌晨1點多
許文龍先生
突然召開記者會
他一邊抑制
情緒激動的媒體記者
毅然地說：
慰安婦是被自己
的父母賣掉
代理商買下
由日軍帶走的
日軍
並沒有強行抓人
慰安婦是貧窮時代的
犧牲者
〝真要追究的話
設在金門島上的
「軍中樂園」
該怎麼處理？〞
一個公司的經營者
在這種歷史認知爭議之大的狀況下
始終堅持自己的說法
把小林善紀
列入黑名單
不要讓他來台灣！
不 3月中
讓他來台灣
把他揪出來
問他為什麼
畫這種漫畫！
新聞媒體
也針對是否讓
小林善紀入境一事
進行問卷調查
應「禁止入境」
的呼聲甚高
在台灣的日本人
終於開始瀰漫出
一種不安的氛圍

容小生宣傳一下：旅日作家謝雅梅小姐的新書《台灣論與日本論》（綜和法令出版）出版了！書中有輯錄我們的對談內容，可讀性很高喔。

這樣一來《台灣論》變得一書難求
有兩個原因
一、書店屈服於拒賣運動不再陳列《台灣論》
二、支持《台灣論》的讀者惟恐此書被禁搶購一空
「言論自由」的尺度愈來愈狹窄了
言論自由是民主國家的根基
如果台灣這個國家淪為不容接納反對意見的話……就跟中國一樣了
在這些既不仔細看完《台灣論》只會叫囂謾罵的群眾中有個台灣小姐捎來了一封信給了我相當大的鼓勵
小林先生：
私は台湾の大学生です.
先生の「台湾論」を読んで，とても感动しました8
先生は日本人ですが，台湾のことをそんなに大切にします.
私は心から感謝しますよ.
このあいだ台湾に「台湾論」を反対することがある.
どうもすみませんね.
ほどんとの彼らは自分を中国人と思う外省人ですから.
they got angry. これいー Don't buy 台湾論!
先生は「…わが日本の歴史を客観的に評価し直す人々も出てくるかもしれない」と言いました.
少ないけど，私の友たちの中で，こんな人がいます.
これは私たちもの願いですよ.
もっともっと書いたいですが，日本語が上手じゃない.
ただ「台湾人」として，私のこえを小林先生に伝えたいだけです.
ありがとう——88
ps. Please forgive my poor Japanese.
台湾の読者 2001.2.27 より
從混亂的情勢中露出了一絲微弱的曙光
果然也有年輕人閱讀和支持我的《台灣論》
從而看穿圍剿這本漫畫背後真正的企圖
一個住在屏東里港90歲的退休醫生指出：
60年前我在海南島生活了三個月當時我認識的許多慰安婦都是出於自願許文龍說的是一個事實
位於高雄市 由醫生和教授組成的團體「台灣南社」向高雄的誠品書店……
熱烈購買台灣論
日本政府根本沒有強行抓人（慰安婦）
冷靜思考台灣未來
要買100本《台灣論》
目前沒有庫存所以請您預訂
你們書店絕不可屈服在這股壓力之下！
……南社的成員跟店員說完這話才回去

前衛出版社陸續轉來台灣讀者熱情的信函，其中包括了年輕一代對《台灣論》的肯定與支持，受到這股精神的感召，我將義無反顧繪製《台灣論續篇》，告訴日本的年輕人台灣在媒體刻意炒作、隱瞞之下的真實狀況。《台灣論》果然銳不可檔！

小生只是出版了一本漫畫而已 媒體就鬧得雞飛狗跳
既發動拒買運動 又焚書
政客也不通讀全書 斷章取義 做為政爭的口實
蓄意抹黑《台灣論》的內容
於是在3月2日 把我列入黑名單限制入境
台灣論
小林善紀
「禁止小林善紀入境」帶給台灣的民眾很大的衝擊
彷彿又回到國民黨獨裁的時代
到底是誰「傷害了國家民族的尊嚴？」
旅居日本的台灣人都好像虧欠了小生一樣
為了此事 金美齡女士一肩挑起國家重責似的隻身飛往了台灣
金女士妳這樣去真的不會發生危險吧？
一切多保重了！
但是台灣國內已出現了變化
媒體突然轉向支持「言論自由」的論調
udnnews.com
政院反對禁止小林入境
捍衛言論自由 行政院顧問蘇治芬斗六義賣台灣論
01/03/04 18:28:39 PST - 明報
台或取消對小林善紀禁令
01/03/04 18:28:39 PST - 東森新聞報
台灣論／街頭贈書活動 民眾索取
我可不可以驕傲一下？
我不想央求讓我去台灣
縱然日後能再去台灣 可能因爲小生太過出名 而無法和敬重的台灣民衆做自然的交流
就算黑名單宣布解除 小生也不需要任何人道歉
不過 我要誠摯感謝在文攻武嚇的風暴中閱讀《台灣論》的台灣人

專訪1

《台灣論》引起的風暴

二〇〇一年三月台灣政府「禁止小林善紀入境」，引起一片嘩然
風波愈演愈烈之際，小林接受本刊專訪
率直地表達他遭受攻擊、衝突、翻騰的心境，以及今後的展望。

禁止入境反映出外省人的危機感

——台灣內政部決定以《台灣論》作者小林善紀「有危害我國利益、公共安全、公共秩序或善良風俗之虞」的理由，暫時禁止小林入境台灣。獲知台灣政府做出這項決定時，小林先生有什麼感覺？

小林　嗯，有點驚訝。因為我想台灣是民主國家，所以覺得很奇怪。後來漸漸知道更詳細狀況，我才恍然大悟。事實上台灣內部也有各種問題，透過這次《台灣論》風波，剛好可以看得一清二楚。從這個角度看，我倒覺得學到了東西、受益頗多。哈哈，我這個人一向就是「哪怕是跌倒了，站起來時一定會順便抓把泥土帶走」（笑）。

——結果，雖然作者是『不受歡迎人物』，《台灣論》銷售卻一路長紅，也沒被禁賣。

小林　一刷再刷，現在已經賣超過九萬本。比較日台書籍市場規模，有人說如此銷路相當於日本賣出六十萬本，簡直比日本的銷路還好。日本的《傲宣》讀者們，大家得加油囉（笑）。不久之前，台灣的出版社有聯絡進來說，還要加印。所以，四月初這篇訪談刊出時，銷售量或許就會突破十萬本。當然，《台灣論》能如此大賣，也是因為台灣有人施壓要求禁賣，不料卻造成反效果、大大刺激了讀者購買慾。而我也很感謝能接納本書、了解書中看法的本省人（台灣人）。

雖然很意外遭受禁止入境處分，但其實我早就預期，書出版後一定會被圍剿。

早在去年底台灣的《中國時報》大篇幅披露《台灣論》部分內容，當地電視與平面媒體就開始炒作相關議題，正反意見爭執得很厲害。台灣媒體競爭非常激烈，腥羶主義與煽情主義橫行。還有個必須注意的現象，就是報紙與電視幾乎都掌握在親中派外省人手中。簡單講，台灣外省人的歷史認識，和目前不斷對日本歷史教科書檢定問題施壓的中國人，沒有兩樣。因此，台灣媒體對我的描述，絕大多數是「日本右翼漫畫家小林打算利用《台灣論》美化日本的在台統治，正當化其殖民行為」之類的調調。

反之，台灣人經營的《台灣日報》與《自由時報》等，則在表明「《台灣論》內容有些問題」的同時，也指出「在野黨（外省人）不應把慰安婦問題政治化」、「日本對台統治確實有其貢獻」。只不過，這類報導只佔台灣媒體少數。台灣人佔人口八五%，戰後也已過半世紀，卻仍無法掙脫出蔣介石（國民黨）設下的外來統治金箍咒，這正是其中重要原因之一。

——小林先生被禁止入境後，隔天我飛往台灣採訪數日，實地見聞結果發現，台灣人經營的與外省人經營的媒體，對事件的報導態度截然不同。台灣人經營的報紙會以大標題刊出「歡迎小林善紀來台訪問」或者「禁止入境違反民主」、「台灣要走國民黨獨裁的回頭路嗎？」等評論與報導。簡單的分類，《中國時報》、《聯合報》等媒體屬於外省人系統，《台灣日報》與《自由時報》屬台灣人系統。至於電視則壓倒性多數由外省人掌控，台灣人經營的只有民進黨立委蔡同榮擔任董事長的「民視」而已。

小林　從媒體結構看，媒體對《台灣論》與小林的批判是否能反應台灣人真意，本身就是個問題。而且，報紙的發行量大不代表即可靠，這種情況也與日本類似。比如，《朝日新聞》與《產經新聞》的發行量何者較多？我並沒有特別支持《產經新聞》，但即使《朝日新聞》發行量較多，其報導也未必能反映日本人的真正的想法與意見。台灣的情況也一樣。

更進一步觀察，我發現《台灣論》的出現，更加激化主張「親中・中台統一・反日」勢力與主張「反中・獨立・親日」勢力的對立。前者絕大多數是外省人，後者則大多是本省人（台灣人）。這類「省籍對立」問題，自從國民黨來到台灣就層出不窮。而《台灣論》再度引爆激烈衝突，主要原因則是李登輝前總統推動台灣化與民主化，經由去年三月總統大選，進一步選出陳水扁這個土生土長的台灣人總統，顯示出台灣人勢力更加抬頭，也讓外省人備感威脅，因而他們想藉由批判《台灣論》，絕地反撲。若不能認識這些歷史因緣，就很難釐清真相。總之，批判我的，絕大多數是外省人。

刺激日本人思考民主與自我認同

——對台灣的外省人而言，他們對《台灣論》的內容不能默不作聲。因為書中再次將他們極力想遮掩的許多歷史往事與政治事件曝光，自然令他們坐立難安。

小林 不只台灣的外省人，本書對中國、日本左翼媒體乃至於左翼市民運動者，都有同樣的意義。事實上，我之所以畫《台灣論》，主要是為了想徹底了解「何謂日本人？」、「日本是怎樣的國家？」等自我認同的問題。至於思考日本人與日本國家定位問題，會扯到台灣，則是因為台灣目前還保有日本的遺產，特別是精神方面的遺產。所以我在日本版的封面書腰上特別強調，「要解答何謂『日本人』？『國家』是什麼？等問題，答案就在仍維護著日本遺產的鄰國——台灣」。也就是，因為曾與日本分享了近半世紀的近代史，台灣某種程度扮演著日本『鑑鏡』的角色，能讓我們從另一個角度，更有批判力地思考日本與日本人定位以及自我認同的問題。

然後，到台灣出中文版，則是因為我想刺激台灣人思考他們的自我認同問題。畢竟台灣與日本有段共同歷史，而且因為地緣關係，持續遭受中國欺壓。我想質疑的是，台灣真的只是中國的一部份嗎？台灣人真的會只因經濟因素，就很快和中國人合為一體嗎？還是「台灣是台灣人的國家」，也就是台灣人願意建立自己的國家認同？如果本書能讓台灣人思考這個問題，產生相當的自覺，我願足矣。當然，本書也可刺激日本人思考類似問題，產生同樣的覺悟。

——小林先生如此立場，大概注定會讓主張統一的外省人跳腳吧？

小林 也許吧。從這個角度看，我確實是個『思想犯』（笑）。只不過沒想到，甚至有人焚燒《台灣論》，把我的照片、日章旗、許文龍先生的圖像公開銷毀，如此『抗議』活動簡直就是中國古代封建倒行逆施的重現。我問自己，《台灣論》是否在台灣社會投下一顆超級炸彈了（笑）？坦白講，我很遺憾，台灣既然標榜是民主國家，即使有人對我的書不滿，「以牙還牙」也該「用說的」。不是嗎？更何況我在書中一再指出，「民主確已在台灣生根茁壯」。

——說台灣的民主已「生根茁壯」，應該是事實吧。所以，批判政府禁止入境處分「矯枉過正」的聲浪如此之大。就連統派台北市長馬英九也發表類似主張。當然，最重要的是陳水扁總統明確表明，「反對」這種處分。

解開日本「反日・自虐」枷鎖的鑰匙就在台灣

小林 我很感謝台灣人站出來聲援我，捍衛民主、批判該禁止處分。然而，在歷史認識問題方面，台灣人的做法我覺得還是太保守、講話太小聲。只不過，畢竟台灣人長期接受國民黨反日歷史教育，特別是年輕人幾乎對歷史真相一無所知，在此情況下，看不懂我畫的台灣歷史或者甚至反彈，也是情有可原。但我仍必須指出，能否持平地看待日本在台統治，是未來日台關係能否更密切的關鍵因素；對雙方能否各自形成自己的國家認同，也有深遠影響。

因為我寫的東西，完全正面和中國一再押著日本認帳的『日本過去是殘酷侵略國』之歷史認識唱反調，所以我當然有心理準備，與中國唱和的台灣外省人一定反彈；就連日本的《朝日新聞》等左派也會群起批判。以《朝日新聞》為例，他們早已認定日本的殖民統治只有榨取與掠奪，完全無法冷靜地思考與討論。

相對的，了解日本統治時代真相的台灣多桑世代及其子孫，卻不一定會認為『日本過去是殘酷的侵略國』，甚至願意和日本人分享那段共同的歷史。既然確實有這樣的人存在，作為日本人，我下定決心與他們交往，並期待他們在台灣國內有更大的發言力量，真的是魯莽之舉嗎？既然解開日本人綁住自己的「反日・自虐」精神枷鎖，其歷史鑰匙就在台灣，我們為什麼不打開這扇門呢？至於眼前激烈的批判聲浪，只不過是那些害怕打開這扇門的人在興風作浪而已。

我想未來《傲骨宣言》系列還必須處理一個題材，那就是台灣人之中也有不少與外省人一個鼻孔出氣的。原因相當複雜，很難一句話說清楚。總之，我不希望大家誤以為我不了解情況，只是一廂情願地對所有台灣人大送秋波。換言之，該懷疑的地方，我會好好地懷疑（笑）。

只不過，如果沒有證據就懷疑認真奮鬥的台灣人，是很失禮的。

－－即使慰安婦事件導致小林先生在台灣被圍剿，還是有老醫生出面支持，證實許文龍所言不假；也有人高舉「支持《台灣論》」的標語，在台北街頭將該書免費贈送給市民朋友。在採訪過程中，更遇到不少民眾特地跑過來對我說：「這次（反日）騷動，全都是外省人所為。本省人不一樣。請您好好轉達給日本人知道。」

小林　我這邊也聽到很多類似聲音。比如，有個台灣大學女學生寫信支持我，讓我很高興，就把那封信放進《新傲宣》第一三七章。當然，我也不能期待所有支持我的台灣人都能跳出來為我聲援。

但就像伽利略的名言「即使被批判，我仍堅持：地球繞著太陽轉」。收到台灣讀者來信強調「即使遭受批判，我還是支持《台灣論》」，就覺得勇氣倍增，我對有識見的台灣人充滿期許。總之，戰鬥方式人人不同，得根據其能力與境遇而定。

我對圍剿《台灣論》者的答覆

－－《台灣論》之中以「親日家」身分登場的許文龍與蔡焜燦先生，這次也備受攻擊，是吧？

小林　是的，這點讓我非常遺憾。海峽兩岸甚至傳出消息，說中國政府因此對許文龍非常不滿，已經下令關閉奇美實業的江蘇工廠。也有在野黨叫囂，要求政府解除許文龍的總統府資政職位。各種攻訐一波接一波，簡直沒完沒了。但問題是，許文龍發表親日言論，有獲得什麼好處嗎？但即使冒如此大風險，他還是勇敢地表達自己的主張。反觀日本，儘管在歷史教科書審查過程中中國方面施加各種不當壓力，日本工商界卻沒有人像許文龍這樣毅然站出來主持正義，抨擊中國的霸道。

除此之外，蔡焜燦先生的《台灣人與日本人精神》一書突然被出版社停止發行〔**譯按：二〇〇一年三月中旬**〕，也同樣令人難以接受。為什麼日本人表現如此差勁？

「之所以停止發行，主要是因為不想給廣大讀者錯誤印象，以為該書討論台灣政治問題的立場與主張，代表本社（日本教文社）及宗教法人『生長之家』。本出版社與『生長之家』一向不支持任何政治運動」（三月十四日《產經新聞》）該出版社發佈這則新聞之後未做任何進一步說明，所以無法了解詳細狀況。然而，在沒有公權力介入的情況下，身為言論喉舌的出版社竟然自我繳械，實在令人感到不解與不恥。

日本難道不是民主國家嗎？在台灣主張親日的人，一定會被外省人貼上「媚日」標籤、大加攻擊。像蔡焜燦先生這樣「愛日」而拼命為日台關係發展奔走的台灣人，竟被日本如此對待，真是天理何在？如果日本繼續用這種態度對待台灣人，還能要求台灣人支持日本、親日嗎？相反的，在日本不識好人心地質疑台灣人的親日行為之前，台灣人可能早就對日本人失望透頂、拂袖而去了。

蔡焜燦先生在同樣三月十四日的《產經新聞》上發表他的看法——**「如果真的非停止發行不可，也可選擇讓書默默地絕版，不必如此昭告周知。我曾事先如此要求出版社，對方還是刊登報紙啟事。」**

念及過去與日本教文社的情誼，我也不想再說什麼。不過，我想谷口雅春先生（日本教文社經營母體『生長之家』創始人）天上有知，大概也會因此垂淚吧。十幾年前我受教於谷口先生的『愛國、敬祖、感謝一切』信念，身有同感，並且遵循至今，不料卻受到目前『生長之家』、日本教文社主事者如此待遇，真有不勝唏噓之感。」

——日本教文社的第二編輯部長永井光延接受《產經新聞》採訪時指出，**「本書（《台灣人與日本精神》）最近已成為台灣的政爭工具。雖然停止發行可能導致台灣親日派反彈，但我們基於推動所有民族與人群和諧的理念，還是決定停止發行。我們這項決定，完全沒有受到外來壓力」永井這番話講得很牽強。事實上，當日本教文社停止發行蔡先生這本書時，就等於公開宣示，該出版社已成為另一陣營的『代言人』。**

小林　現在我的《台灣論》成為許多爭議問題的導火線。而核心問題終究是，台灣人與日本人的國家自我認同何在？以及這兩個國家的人民是否有追求自我認同的覺悟？暫且不論這些過程中的是非曲直，我倒深深覺得，中國人真的有夠強悍；反之，日本人與台灣人則太過天真。依此看，吾等與中國的鬥爭，情勢不妙。坦白講，我真的也累了

（笑）。

——您有推出《台灣論2》的打算嗎？

小林　有的。雖然疲累，但還是得做（笑）。不只台灣，我還有許多事情想告訴日本年輕人。如果不能「驕傲一下」，我可是會死掉的（笑）。

——最近您在東京接受台灣的「中天新聞」採訪時，對方好像問您，是否會要求台灣內政部針對做出禁止入境處分一事道歉。是吧？

小林　我不會求台灣當局讓我入境。不過，既然黑名單已經解除，我也不會要求對方道歉。對我而言，目前我最想說的，其實是在被窮追猛打之中，仍有那麼多台灣人願意閱讀《台灣論》。感謝你們，可愛的台灣人。

附帶一提，我現在有個想法，就是把《台灣論》在台灣發行所得的版稅，全部捐出來作為推動日台兩國年輕人交流的基金。該書已賣出九萬本，未來還會繼續賣下去，版稅收入應當不少。這筆錢設立基金之後，可以促進兩國民間交流與草根民主。我如此做，或許也可以彰顯，雖然日本政府拒絕承認台灣是個國家，也不接受李登輝私人訪日，但作為一個日本漫畫家，我願意站出來大聲說，日本政府這種做法不代表所有日本人的意願。這就是我對於《台灣論》在台引起風風雨雨的回應。

（訪談紀錄・《正論》上島嘉郎）

第138章
列入黑名單的小林善紀
新
傲骨宣言
SPECIAL
大家都是抱著
看熱鬧的心情到場的
我在三鷹青商會館演講時
來了一大票好奇的年輕人
明圓也特地
從北海道趕來
JAPAN
噢噢 原來你
就是被台灣政府
拒絕入境
的人
黑名單先生，
我可以坐在
你旁邊嗎？
女性朋友似乎
比較同情我的處境
看來，黑名單上的人
可以觸發母性的關懷
小姐，
勸妳不要太關注
我的事情
反正這是
黑名單人物
必然的下場
這個身段是用來
把馬子的
話說回來
黑名單也不全然不好
警視廳方面
聯絡說
擔心我的
人身安全
不久，
可能會
上癮
誰叫我是
黑名單的人物！

我是黑名單♪
有著超黑特黑的來歷！
不由分說的航警就會把我遣送回國♪
我是心存敬意把這本漫畫打響
我過不了證件查照過這一關
只要名單上的身份一旦曝光……
KOBAYASHI YOSHINORI
卻引來狂風暴雨
禁止我入境台灣的人生啊♪
噢噢，黑名單
小林的黑色宿命……
女人們想知道其中的秘辛♪
不過，淚水無法把我挽留
黑啊黑啊
黑黑黑～～～
我是黑名單男子漢啦──♩.

☆軍國主義的中國在臨近台灣海峽的福建省仙游縣增設新的導彈基地，部署了一百枚「東風11型」短程彈道飛彈。像這種軍事霸權國家，還敢指責我是右派啦，軍國主義啦，真是叫人笑掉大牙！

光是為漫畫《台灣論》「新歷史教科書」
和台灣、中國、韓國三方面展開的苦鬥忙得我筋疲力竭
沒辦法專注自己的工作
其實，這三方面本質上都出於中國
也就是和「中華秩序」之間的對決
台灣的傳播媒體有八成是操控在只佔台灣人口15%的外省人手裡
在海外若想了解台灣的消息一面倒是統派外省人的論調
不過，那不代表台灣人的心聲
而是中國人的喧嚷
佔台灣人口15%的反日中國人的吆喝
聯合報
中國時報
台灣日報
自由時報
真正佔人口的80%本省人的心聲理應存在「沈默的大多數」
就是台灣人的心聲！
台灣民衆終於察覺統派的媒體「藉由利用慰安婦的問題」要打垮《台灣論》的策略
但《台灣論》卻以一股難以抵擋的氣勢開始在「沈默的大多數」之間擴散開來。
台灣論
「二二八紀念日」那天，媒體低調報導《台灣論》
因為國民黨也想藉此掩飾屠殺台灣人的罪惡感
這一天，有上班族和學生團體為了支持言論與出版自由
自掏腰包籌出25萬元
買下250本《台灣論》
在台北車站前展開贈書活動
金美齡女士為此
飛往台灣聲援
她召開記者會義憤填膺指出
小林善紀是愛台灣的
因為他的推動，使許多日本人開始關注台灣。
台灣發生九二一震災時，他還熱心參與，
在研討會上捐出所得，大力呼籲。

最近，出版蔡焜燦先生《台灣人與日本精神》一書的日本教文社，居然悄悄在報上刊登廣告停售此書，甚至在其所屬的「生長之家」的網站上說，這本書和《台灣論》同為民族主義的論調，有其特殊的政治意識形態云云。不過，總有一天，台灣「沉默的大多數」會證明一切，到時候才丟人現眼呢！讀者諸君，千萬記住這件事！

台灣是如何對待小林善紀的？

難道台灣要回復到國民黨獨裁統治的時代嗎？

做為一個台灣人，我要向小林道歉！

金美齡女士對著所有媒體公開捍衛《台灣論》，譴責有關部門把我列入黑名單是一項不當之舉。

台灣人睜大眼睛發出嘆息

可是，在《台灣論》之後，像慧星出現的一位白髮美麗的台灣女性

主化是其非常錯誤的決定，令林自覺汗顏

官員忽然道歉、賠罪……一個笑話、漫畫書上要求如此做的

實在敬不過性情溫良台灣人原本就是金女士說得義憤填膺

口若懸河的講起北京話的中國人

我是陳水扁的國策顧問不是中華民國的顧問！

台灣的中國人氣得血脈賁張

在這之前名氣不大的金女士在台灣突然一舉成名

金女士或了超級明星

可是我好像遭到誤解，台灣的統派媒體開始刊載「小林善紀要求台灣政府向他道歉；政府根本沒有道歉的必要！」諸如此類的報導和讀者投書。

台灣媒體又開始使出慣用的手法，惡意曲解事實，把我醜化成惡劣之徒！

聽說高雄市某公園立了一個如戰前在上海的法租界，充滿歧視字眼的台北市的牌子：「中國人與狗不得進入！」與多數批判的台北市相比，其南北之差，可說是「南北戰爭」

反倒使《台灣論》和許文龍公司的產品銷路直升

根據《產經新聞》指出，獨立派和反中派比較支持《台灣論》尤其在台灣南部最為明顯

反對人士推動的拒買運動

陳總統的裁示與內政部的決定相反

不應該以不同意見或意識形態為由禁止他人入境

針對《台灣論》陳水扁總統表示：言論的自由應該受到充分保障

台北

台南

高雄

《朝日新聞》已淪為中國和軍國主義的同路人，一心想消滅「編纂會」的教科書，在
己人之中，也有人抗議，該教科書中修改了一百多處云云，但教科書還在審訂當中，
在難以置喙。「教科書編纂會」腹背受敵之際，幸好，竹村健一、石原慎太郎出面聲
，令人十分感動，各位，睜開雪亮的眼睛看吧！

於是我趕緊發表聲明稿傳真給《中國時報》的記者。
日前，有關我遭台灣內政部禁止入境一事，聽說台灣國內流傳著我要求台灣政府道歉的報導，因而引發台灣國內的劇烈反彈。
但是，關於此一禁止入境措施，我從未說過要求台灣政府道歉，而且也未說過要求撤回此一措施。
我認為，有關此項禁止入境措施，應該是由台灣的民眾，依台灣的民主程序和國情徹底討論的問題，有關此項決定，我今後也不會要求台灣政府直接道歉或撤消黑名單。
如果台灣國內今後討論的結果，即使我永遠無法再踏進台灣這塊土地。只要該項決定是出於台灣民眾所做的決定，就算我對此會陳述個人的感想，但絕無意對台灣政府提出抗議。
在此我必要特別聲明此點。
另外，我想附帶說明，亦即在我毫不知情的狀況下，恣意製造我的虛像，然後對此虛像加以批判和評論的行為是很無意義的，我不得不說這是一種愚行。
類似這種錯覺都是因為未通讀《台灣論》而擴大騷動中產生的。因此，我冀望讀者能回到「通讀全書」之後，再做判斷的基本態度，這是我最大的願望。
2001年3月6日　小林善紀
這真是巧謀綿密的情報戰啊！
中國人原本就沒有「公」的觀念
不存在「公平」和「公共心」這種觀念
但最令人驚訝的是，現在日本的《朝日新聞》也變成中國人的報紙了。
完全失去「公平」的立場和精神
正式表明「反小林善紀」、「反（教科書）編纂會」的立場
從以前「親蘇聯」、「親北韓」，現在則以「親中國」、「親南韓」的立場「反日」勢力經常更換目標
如果只是「反小林」的話那倒無所謂
朝日新聞之流在台灣問題上若刻意援引外省人媒體的報導就難免有「反台灣民眾」之嫌
這一點我必須提出警告。
即便新聞媒體這種「社會公器」也無意追求事實的真相
總之，絲毫沒有從背後去「求證」的採訪的基本精神
中韓懸念の「つくる会」教科書
政府「政治介入せず」
合格の可能性
「右傾化」と警戒
小林氏の訪台 当局拒否
台湾論で「好ましからざる人物」
主体性損ねる「台湾論」擁護
中韓募る不快感
野呂田発言 火に油
沒錯，我是「反共產主義」、「反中國」、「反軍國主義」
但最重要的是，我是站在台灣「沈默的大多數」「台灣人真正願望」的立場
繪製《台灣論》這本漫畫書的。
台灣論

在與西尾幹二筆戰的文章中，我得知日本和台灣有許多老阿公支持我。還有人頻頻探問「小林善紀的新作幾時出版」？看來，我得趕快完成才行。話雖如此，但突發事件接踵而來，讓我無心專心創作……。

已經淪為中國軍國主義走狗的，日本那一群左翼的跳樑小丑的所做所為使這次有關教科書審定的情況特別詭異，歷史會記上這一筆的。
總之，小學館的編輯已經拿到「編纂會」送審中的白皮教科書
據傳位於飯田橋（地名）某棟大樓有一家事務所：「兒童與教科書全國網站21」打一通電話過去，就可以買到教科書的複印本。
《歷史》一本1048日圓 《公民》一本1088日圓
我們傾注心血編纂的教科書，居然被這批左翼份子拿來影印賤賣！
審定中的教科書連日本的首相都難窺一眼，左翼的傢伙們竟有辦法私下販賣！
這已經超乎一般的常規，破壞體制！
左翼份子為什麼要對申請教科書審定的8家出版社其中的一家展開卑劣的攻擊呢？為什麼他們會有這番熱情只為打垮一家出版社呢？
原來「兒童與教科書全國網站21」是出版工會俵儀文搞出來的組織。
他們在電腦網站上批判「編纂會」的白皮教科書
也透過英語發出緊急聲明
這就是引發媒體批判的導火線
圍剿這次教科書的審定向來是俵儀文、上杉聰、高嶋伸欣等左翼活動份子的把戲
媒體跟著這批人的煽動起舞日本的左翼文化人不約而同站到全體主義那一邊
這樣一來，中國的朱鎔基為了面子問題也不得不露出他的真面目了。
「歴史教科書 加害の記述後退」
大江健三郎氏ら「不合格」を要求
教科書這樣修訂還不行——！
再寫更多的加害者行爲日本小孩的歷史認識就由我們中國共產黨編寫！
你們日本要永遠地向中國賠罪記得繼續獻上金錢來吧！
這種愚劣的外壓戰略已招致日本人對中國和韓國的厭惡
朱鎔基，你盡量說吧！說狠一點，讓日本人看清事情的真相！

世界台灣人大會公開支持小生的《台灣論》！這一次金美齡女士成了台灣獨立派的旗手，超級的政治明星。為此，日本的幻冬舍也以《台灣論》風波為題，火速出版了我與金美齡女士的對談，且看金女士的雄辯滔滔……！

針對這次中國和韓國對教科書審定所做的干涉內政的舉動森喜朗首相不為所動態度自若地說明事情的始末
這種穩重的態度合乎森首相的行事風格，真是令人讚賞。
大眾媒體從來不想培育自己國家領袖，
一天到晚只會潑冷水扯後腿而已
要不然就是在一旁訕笑精於幸災樂禍之道
愚蠢的大眾認為只要識貶森喜朗首相就是知識菁英的表徵其實這只是表現出傻里傻氣，故作聰明和電視上的講評員沒有兩樣
大眾媒體專門拆本國領袖的台，搞得他連在外國都無法取得信賴
森喜朗有其貢獻之處
但媒體才不報導對這些事蹟視若無睹
無論是景氣低迷或美艦撞沉「愛媛號」之事統統把責任推給森喜朗。
最後自民黨內部也受到媒體的煽動逐漸出現屈從於大眾的荒謬無知的輿論
這一切都是為了選戰。
在台灣有許多人一開始就不相信外省人的媒體報導。
在日本多的是被《朝日新聞》之流的外省人媒體騙得團團轉的笨蛋！

我也能體會到李登輝先生目前的心境。他真的是一位直言敢行的人。我將再度著手之前提到的那本書。

《台灣論》中文版目前已突破９萬冊，相當於日本的５４萬冊。
支持此書的讀者群，不僅有「多桑」的世代，更擴展到陳水扁年歲的人，甚至也獲得年輕人的支持。
祖父輩與孫輩之間開始有了聯繫。
也有建國黨、民進黨內的議員表示支持
更有立委建議，應該將此書列入學校教材。
有的人自費買書免費贈閱，
也有年輕人偷偷摸摸在書店購書好像購買毒品似的。
台灣論
聲援的信函也紛紛寄到……
看到《台灣論》有這番銷售佳績
或許這本書已經不再是我個人的作品而成為一本「公」的讀物了。
小林善紀
我並不想將刻劃他國迫切的國情而造成如此銷售佳績所獲得的版稅來填滿自己的荷包。
因此，我決定將《台灣論》在台灣銷售的版稅全數捐出做為加深日本與台灣交流的基金。我一毛錢也不要。
我可以驕傲一下嗎？
我已經全權委託金女士代我做最有效的利用。
我依據「個人」的判斷，捨去「私慾」，成就「公衆」！
這一點就是我和中國人不一樣的地方！

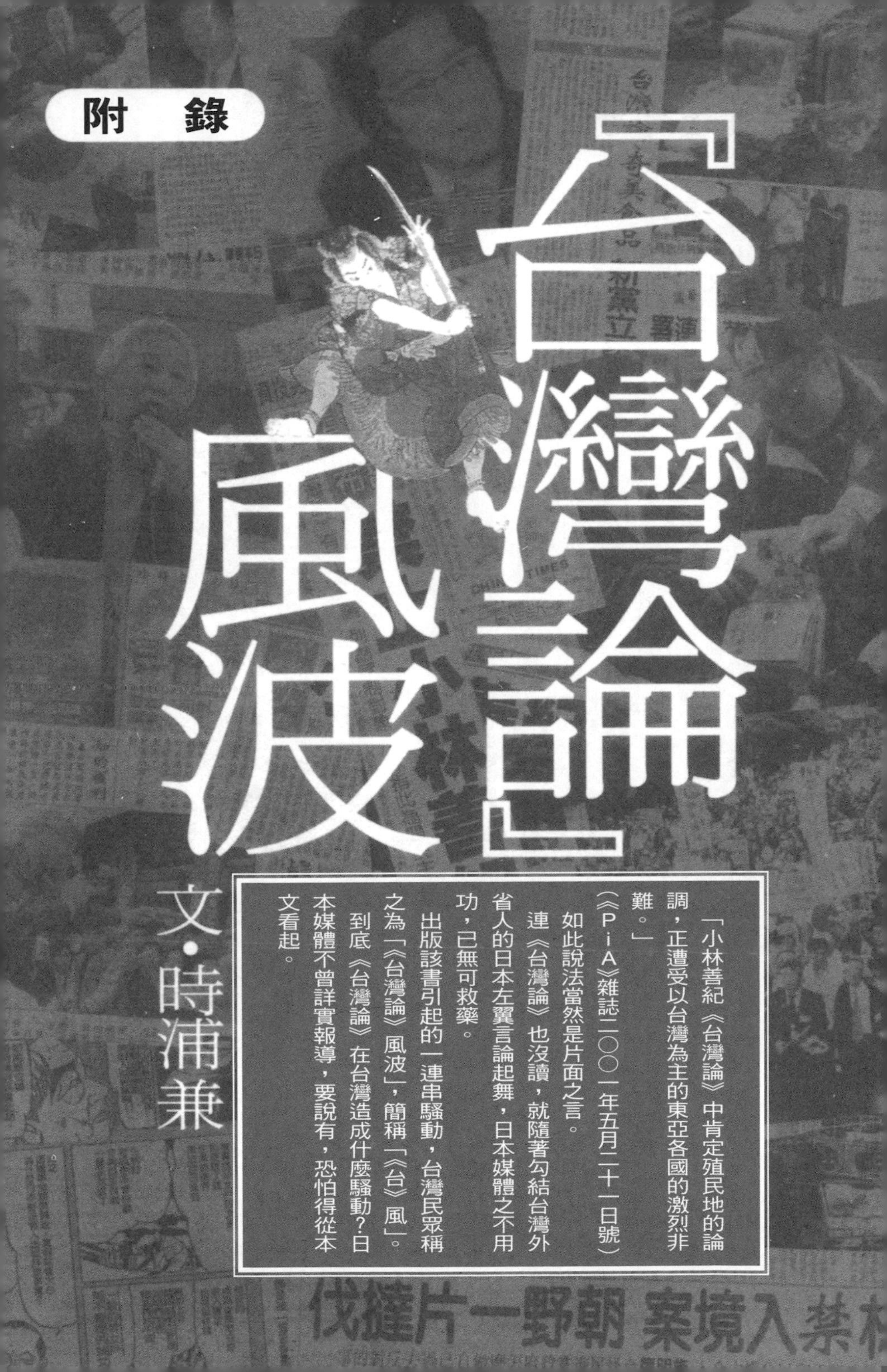

附錄

『台灣論』風波

文・時浦兼

「小林善紀《台灣論》中肯定殖民地的論調，正遭受以台灣為主的東亞各國的激烈非難。」

（《PiA》雜誌二〇〇一年五月二十一日號）

如此說法當然是片面之言。

連《台灣論》也沒讀，就隨著勾結台灣外省人的日本左翼言論起舞，日本媒體之不用功，已無可救藥。

出版該書引起的一連串騷動，台灣民眾稱之為「《台灣論》風波」，簡稱「《台》風」。

到底《台灣論》在台灣造成什麼騷動？日本媒體不曾詳實報導，要說有，恐怕得從本文看起。

「狗去，豬來」

長期以來，這句話在台灣被視為禁忌。

「狗」代表日本人，「豬」代表中國人，整句話顯示台灣人的歷史觀是「狗比豬好」，也就是「日本人的統治比中國人的統治好」。此外，這句話凸顯台灣人認為自己「既不是狗，也不是豬」。因此，這句話也象徵了「台灣人最好」的自我認同。

然而，戰後外省人（在台中國人）來台統治，實施用反日教育，試圖把台灣人同化成中國人，這句話被封存至今。

所以《台灣論》把「狗去，豬來」這句話，及其象徵的台灣歷史與台灣人的自我認同講出來，如此動作在二、三十年前，可是會「出人命」的。即使到今天，長期恐怖統治的陰影尚未完全消失。台灣在李登輝總統時代完成了民主化，二〇〇〇年總統大選更讓國民黨政權下台，由陳水扁政權取代，但即使如此，因為政權轉移並非以革命等激烈手段取得，陳水扁上台之後，並未懲處任何「二二八事件」*與「白色恐怖」的加害者，權力與媒體大部分也仍掌握在「在台中國人」手中。

如此時空環境之下，二〇〇一年二月七日（以下日期若未特別註明，都指二

*日本結束殖民統治後，由中國大陸來到台灣的蔣介石國民黨，於一九四七年二月廿八日發動屠殺台灣人的事件。總計兩週之間有二萬八千個台灣人遇害。

●把「慰安婦」相關記載的九格漫畫集中起來，藉此攻擊《台灣論》的新聞報導。（《聯合報》二月廿二日）

婦援會等團體昨天譴責日本小林善紀漫畫「台灣論」引述台灣商人的話指出，慰安婦均出於自願且享尊嚴，是嚴重扭曲史實。
記者程思迪／攝影
台灣論
世紀大爭議之書
日本精神？台灣魂？
102頁
203頁
204頁

〇〇一年），在沒有特別為台灣讀者重新改編的情況下，前衛出版社翻譯了日本版漫畫部分，出版《台灣論》中文版，上市之後立刻引起台灣出版界罕見的狂賣熱潮。但事情到此尚未結束，事實上，沒有人事先預料得到，本書出版會引起如此巨大風波，影響層面如此深廣。

圍剿《台灣論》的道具
——慰安婦

中國人一向好耍謀略，這次圍剿《台灣論》事情更是展露無遺。他們做法細膩，不直接攻擊他們想破壞的台灣歷史與台灣人自我認同的相關內容，而是從中文版一〇二、二〇三、二〇四頁等處，選出九格與「慰安婦」有關的漫畫，集中火力圍剿。

二月廿一日，在野黨立法委員與慰安婦支援團體舉行記者會，宣稱「小林完全站在男性與軍國主義的觀點，蹂躪阿嬤的人權」，正式開火，拉開一連串批判的序幕。

《台灣論》書中提到慰安婦的許文龍與蔡焜燦兩人，也成為攻擊箭靶，特別是許文龍先生的發言，更被扭曲利用。

「能成為慰安婦對這些婦女而言，反而是出人頭地。每個人都抱著希望進入軍隊，哪是被『強迫從軍』？」

許文龍這段話的「這些婦女」，明顯指「因貧窮而成為娼妓者」。對如此處境的女性而言，與其待在私娼寮，不如進入軍方的慰安所更能得到妥善待遇。讀者只要願意仔細閱讀，應該都能了解許文龍這段話的意思。

然而，在台中國人卻故意把「這些婦女」扭曲成「良家婦女」，並把「出人頭地」（日文「大出世」的中譯）與「自願」（許文龍本人沒講過這句話，《台灣論》日、中文版也都完全沒出現這兩個字）兩句話，透過媒體片面炒作，塑造成罪不可赦的「暴力言論」，逼迫許文龍公開謝罪、辭去總統府資政職位，還發動拒買《台灣論》運動，要求出版社回收該書等等。

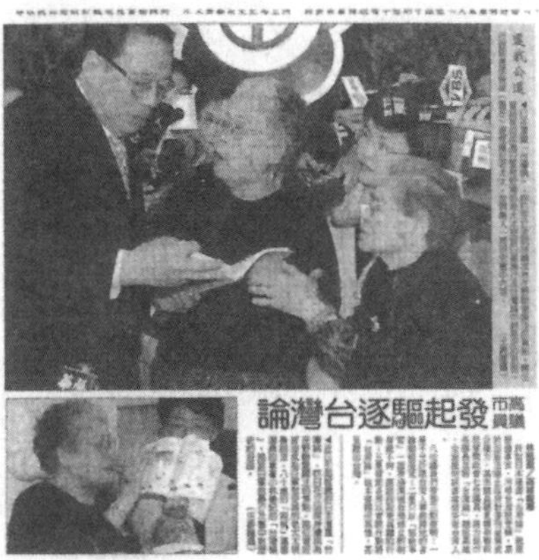

●上／記者會中撕毀《台灣論》的統派立法委員。右為支持慰安婦的律師〔譯按：兩人分別為李慶華與王清峰〕。（二月廿三日《中國時報》）
●下／兩個在台灣頗有名的前慰安婦向張俊雄行政院院長提出陳情。（二月廿四日《中國時報》）

台灣的兩大報《聯合報》與《中國時報》，都是在台中國人所經營，而兩報自此便連日推出許多《台灣論》與慰安婦的專題報導，拼命搧風點火。

騷動很快延伸到立法院，行政院長張俊雄牽著前慰安婦的手，表態說道，「《台灣論》扭曲事實」、「會想辦法向日本要求賠償」。然後在國民黨立委要求之下，張俊雄表示將指示相關單位，審查是否把小林善紀列為「不受歡迎人物」。除此之外，也有部分執政的民進黨女性立委與在野黨立委唱和。

中國時報

中華民國九十年二月二十五日／星期日

小林善紀：慰安婦出人頭地 非許文龍所言

單方介入 未強抓慰安婦

左翼人士發起 風波擴散

●風波發生之後，小林首度接受台灣媒體專訪，試圖為騷動降溫。然而……
（二月廿五日《中國時報》）

騷動與焚書的星期天

二月廿五日恰逢週日，《中國時報》刊出小林善紀的專訪。雖然小林在專訪中一再希望風波平靜下來，並且呼籲讀者好好把書讀完，反對派卻還是抓住小林的一句話——「如此歇斯底里的反應，與我寫作本意相去甚遠」，質疑小林「講我們歇斯底里，到底是什麼意思」？

抗議行動在這天達到最高潮，一向最強硬主張中台統一、在台中國人政黨「新黨」的立法委員馮滬祥，率領支持者前往誠品書局敦南店前，燒毀放大的小林、許文龍圖像與日章旗、《台灣論》，並要求書店停止販售《台灣論》。

同一時間，慰安婦支援團體也在台北火車站前展開連署拒買《台灣論》的活動，基隆火車站前也有另一批新黨立委呼籲民眾拒買《台灣論》與奇美食品（許文龍先生關係企業）產品。接著，奇美公司台北辦事處傳出被丟擲臭雞蛋的消息。

下午五點，許文龍召開記者會，這是風波產生後他首度露面，許文龍毅然地說道：「我只是把自己知道的慰安婦狀況說出來而已。我講的都是事實，沒有什麼不公平之處。而且這是我個人言論，與資政職務、總統府無關。更何況已經是六十年前的陳年往事，所以，我這兩天有空照樣釣魚，今天（廿五日）也去釣魚，心境不受影響。」、「這個事情本質上沒什麼，少數人把它當作政治題材大肆炒作，引發社會動盪不安，實在沒有必要」。

「要了解慰安婦事件，必須同時談一談我們的軍中樂園。軍中樂園的女性，才真的是被強迫送到金門與馬祖的」。

然而，原本就不打算平心靜氣討論事情、只想

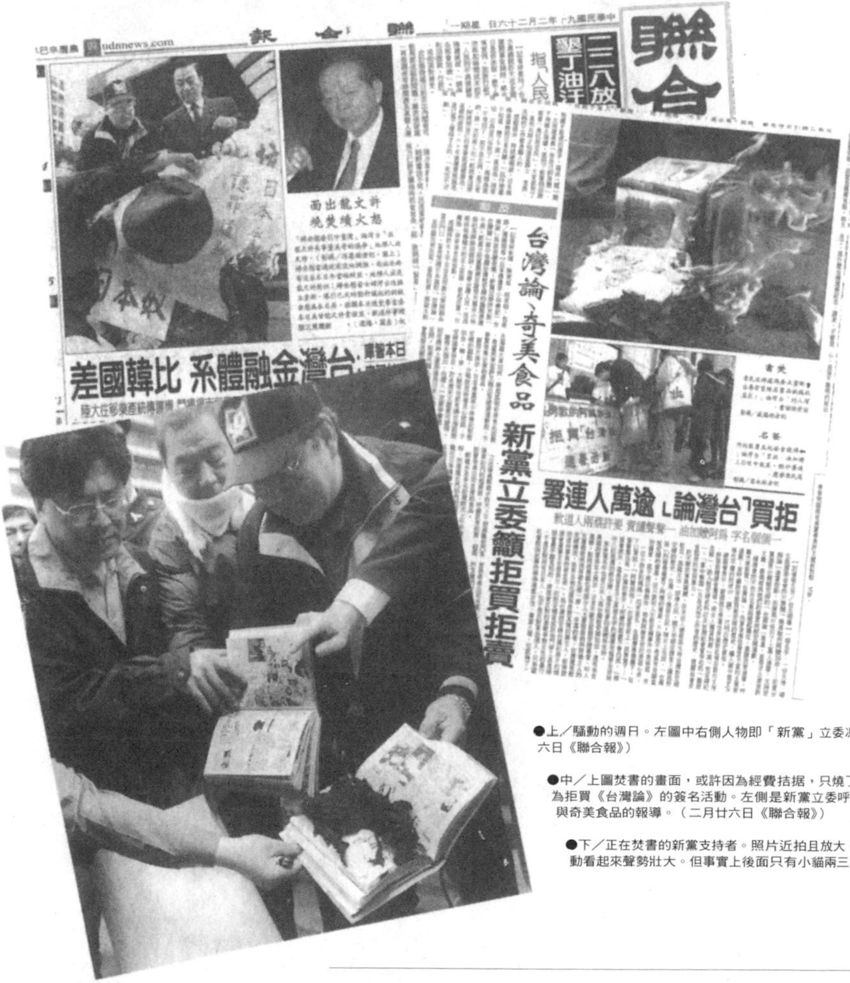

●上／騷動的週日。左圖中右側人物即「新黨」立委馮滬祥。（二月廿六日《聯合報》）

●中／上圖焚書的書面，或許因為經費拮据，只燒了幾本……。下圖為拒買《台灣論》的簽名活動。左側是新黨立委呼籲拒買《台灣論》與奇美食品的報導。（二月廿六日《聯合報》）

●下／正在焚書的新黨支持者。照片近拍且放大，巧妙地讓整個活動看起來聲勢壯大。但事實上後面只有小貓兩三隻。（路透社）

製造騷亂的在台中國人還是猛批許文龍。隔天許文龍只好再度發表書面聲明，表示他願為引起騷動、導致慰安婦受到二度傷害道歉。許文龍這篇聲明，完全是希望事件盡快落幕的紳士作風；不料美意還是被扭曲，反對派抓住「道歉」兩個字，認定許文龍承認在《台灣論》的發言內容有誤，才向社會低頭。

中國人窮追猛打　台灣人極力反攻

新聞報導仍持續發燒，《聯合報》與《中國時報》兩大報照樣推出慰安婦相關專題，而其論旨，包括扭曲慰安婦證詞及錯誤地解釋史料等做法，都和吉見義明等日本左派如出一轍。顯然，兩大報炒作慰安婦問題，也得到日本左派人士的指導。

馮滬祥演出焚書劇之後，隔天又率領二十幾名支持者〔譯按：其實當天到場抗議者不到十

台灣日報

許文龍公開說明 婦援會憤慨

許文龍：日本當年未強擄民女 否認說過「出人頭地」 婦援會：男性觀點 認知錯誤 應該道歉

內閣局部改組 520前

關心台灣前途，就看台灣日報

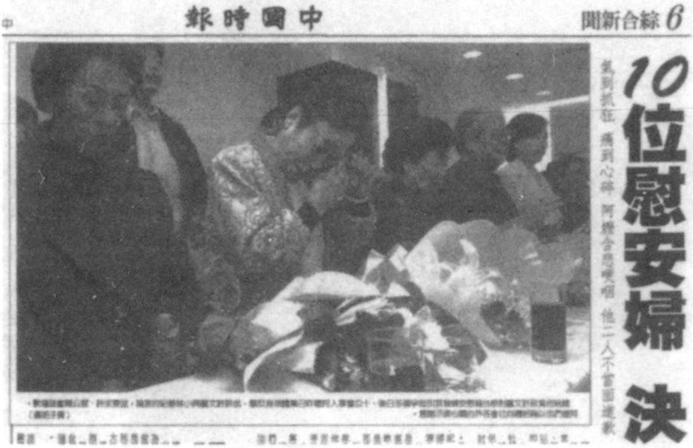
中國時報 綜合新聞 6

10位慰安婦 決

能辭資政

府禁小林善紀入境

小林是否列不歡迎人物 張俊雄說由內政部審查

●上／舉行記者會的許文龍（左圖）、再度反彈的慰安婦支持團體（右圖）。（二月廿六日《台灣日報》）

●中／二二八當天，為了轉移社會大眾對二二八事件的注意力，媒體將慰安婦的記者會誇大報導。然而，誰才是真正的加害者呢？（二月廿八日《中國時報》）

●下／立法院議場拉開布條的立委。這在日本國會不可能出現，乃是台灣特有的做法。（二月廿八日《聯合報》）

人，大多是老榮民。」衝到出版本書中文版的前衛出版社，遞交抗議信，要求該出版社停止發行《台灣論》。台北市議會部分議員也向全市民發起拒買、拒讀《台灣論》運動。

大型連鎖書店金石堂於是決定不再進《台灣論》，目前存貨賣完就不再銷售此書。另一方面，門口被焚書抗議的誠品書店召開緊急會議，發表「維護言論自由與出版自由」聲明。不過，為了避免引起不必要糾紛，該公司決定將《台灣論》放在櫃檯，想購書的客人必須向店員指名，才能取得該書。此外，該書店中原本懸掛著的《台灣論》海報，也立刻取下。結果，顧客在該書店購買《台灣論》，經常造成櫃檯氣氛緊張。由於電視一再推出相關特別節目，慰安婦也不斷要求「小林、許文龍站出來！」，憤怒與指責聲不絕，連日本在台留學生也到處被質疑慰安婦的問題。

在爭論風波中，台北市長馬英九指責小林善紀，「說出這種話的人，還有良心嗎？」然而，有人問他「讀過這本書了嗎？」馬英九的回答卻是：「完全沒有」。事實上，之前在台北市廢娼事件中，馬英九還表示支持「性工作權」呢。

內容沒讀，卻一味地給別人貼上「沒有良心」的標籤，類此抹黑伎倆一再變本加厲，《台灣論》與許文龍等人也持續處於挨打局面。

一群在台中國人議員的煽動，竟造成整個台灣社會似乎都在激烈「反日」，原因主要還是台灣統派媒體「熱烈報導」所致。針對此一狀況，台灣人經營的媒體開始出現批判聲音，指出「聯合與中時對於《台灣論》的攻擊，已經侵占了本省人的言論與思想」，強調「慰安婦問題不應被統派當作鬥爭工具」。由此可見，能看清楚事情本質的台灣人，仍然不少。

另一方面，高雄一群大學教授與醫師團體組成的「台灣南社」，於統立百貨前拉開巨大布條「熱烈購買台灣論、冷靜思考台灣未來」，會長曾貴海向該百貨公司內的書店要求購買一百本《台灣論》，店員卻表示「我們不能賣《台灣論》」，令「南社」成員當場憤怒地大喊「白色恐怖！」，並強調，「小林善紀這本書對台灣歷史有真實交代，如果不是鏡子，至少也是棍棒，可以敲醒台灣人民，讓台灣人民思考自己的過去與未來」。同時，在集會之中，許多七十多歲的知識分子振臂疾呼、力挺許文龍。

《台灣論》就在這種支持與反對的攻防戰中，銷售量一路遞增、不斷增刷。

在台中國人掩蓋二二八事件的動作

二月二十八日當天，《聯合報》與《中國時報》兩大報同時刊出與《台灣論》有關的社論，並且競相以大篇幅版面報導慰安婦問題。

這一天是陳水扁政權成立以來第一次二二八事件紀念日。觀察敏銳的人因此注意到，統派製造《台灣論》紛爭，其實是「項莊舞劍、意在沛公」，目的是利用「台灣論事件」淡化二二八。也就是在剛好一週前點火，連續幾天炒作，讓二二八之前媒體焦點全集中在《台灣論》上。如此一來，二二八事件相關話題，自然比往年少得多。統派媒體甚至強調，「不可停止追究二二八事件與慰安婦的歷史真相」，故意把二二八事件與慰安婦綁在一起談，藉此抵銷中國人在二二八事件中所犯罪行。換言之，圍剿《台灣論》的同時，順便把台灣人的注意力從二二八事件移開，果真是中國人一向擅長的一箭雙雕之計。

二月二十八日之後，攻擊《台灣論》的活動仍未平息，甚至有兩個日本「慰安婦問題專家」有光健與川田文子特地來台召開記者會，宣稱「台灣政

府應向韓國與中國政府看齊，以強硬態度要求日本政府認錯」。除此之外，自稱代表原住民的作家與

原住民批「台灣論」扭曲史實
書中指原住民對日人仍有極度好感 甘幹米等人痛斥「撒謊」
原住民的指控
日本人的聲援

●圖左，特地從日本來說小林善紀壞話的川田文子等人。圖右則是原住民作家的記者會。（3月2日《聯合報》）

歌手，召開記者會表達抗議；原住民的國會議員也發表看法，認為《台灣論》嚴重傷害了原住民的感情。《聯合報》報導說，就在《台灣論》風波持續發燒之際，中央銀行公開表示，新發行的二十元硬幣將使用霧社事件*首謀者、「原住民抗日英雄」莫那・魯道的肖像。中國人為了掩蓋自己的加害行為，連霧社事件都成為被利用的工具。另一方面，中共政府首度正式批判《台灣論》。至此，大陸中國人與在台中國人開始聯手出擊。

雖然之後仍持續有相關報導，但媒體大肆炒作《台灣論》風潮在三月之後開始降溫、縮小規模。或許這也是因為統派媒體認為封殺二二八事件目的已達成，《台灣論》風波有可能就此打住。

不料事與願違，3月2日台灣內政部突然將小林善紀列入黑名單，做出禁止小林入境的處分！

「禁止小林善紀入境」風波

「禁止入境」是國民黨獨裁統治時代殘餘勢力官僚故意製造事端讓新政府難堪的傑作，政權轉移之後，類似狀況早已層出不窮。行政院頓時陷入自打嘴巴、混亂的情況，因為就在行政院發表「還沒做出禁止小林入境結論」的同時，入出境管理局禁止小林入境的行政命令早已生效，行政院團隊多頭馬車的窘態畢露。

自此之後「《台灣論》騷動」進入不同階段，即使攻擊《台灣論》的人，也不能不服膺「言論自由」與「民主」等普世價值，所以《中國時報》也以社論主張盡快取消小林的禁止入境；各報都發出「民主國家之恥」、「捍衛言論自由」等怒吼。

然而，處心積慮攻擊陳水扁政權的在台中國人還是「逮到機會」，演出「焚書」行動的馮滬祥立委甚至反過頭來以「政府壓制言論自由」為由，批評民進黨執政搞「綠色恐怖」。

＊一九三〇年，霧社地區的泰雅族原住民集體襲擊正在舉行「公學校」運動會的日本人，事件中有日本人132人與著和服的二名台灣人遇害。

●台灣政府宣佈禁止小林善紀入境，
各報都以大標題要求「捍衛言論自由」。
（上二篇為《中國時報》，
中為3月3日《台灣日報》，
下為3月4日《聯合報》）

中國時報
CHINA TIMES
政治新聞 4
禁小林
王清峰：政府反應過度
柏楊：真是侮辱民主！
傷害出版自由
內政部宣布
禁止小林善紀入境
認定《台灣論》有不當言論 列為管制對象
小林指此為開民主倒車行為
民主倒車
外交部認不致影響對日關係
焦點新聞
內政部決議
小林善紀禁止入境
跨部會專案審查 警政署及境管局
小林禁入境案
朝野一片撻伐
馮滬祥指政府不宜以公權力介入
施明德奇怪民進黨政府怎麼做自己過去反對的事

連「言論自由」都成為中國人政爭的工具！

次日，日本各媒體都報導了小林被台灣政府禁止入境一事，唯獨《朝日新聞》完全不提台灣也有人支持《台灣論》，以及言論自由等問題，只簡單說道：

「許文龍於2月26日發表聲明，強調他沒有說過書中那些話。他並且對台灣的慰安婦表示道歉」（3月3日）

雖然許文龍在記者會中強調，他並沒有說過媒體任意捏造、流傳的「自願」兩個字，以及被譯成中文的「出人頭地」，《朝日》卻故意誤導，說許文龍的意思是「所有《台灣論》出現的話，他都沒說」，也是因此道歉的。如此卑鄙之舉，可謂極盡扭曲、蠱惑之能事。

《朝日》顯然完全不在乎事實

世界の論調
ワシントン・ポスト（米国）
事故で浮かぶ日本の弱体化
社説—2月26日付
民生報（台湾）
主体性損ねる「台湾論」擁護
社説—2日付

●故意把台灣三流八卦報紙社論與「華盛頓郵報」並列，讓該報看起來像權威報紙。（3月5日《朝日新聞》）

為何，也不管「言論自由」，只要能打擊小林善紀，什麼事都能做得出來。結果受到《朝日》扭曲報導影響，開始有日本讀者投書，「小林真的連人家沒講的話都寫出來嗎？」可見，《朝日》的狠毒還在中國媒體之上。

《朝日新聞》完全無視於台灣正熱烈討論的「言論自由」問題，故意轉載《民生報》這份三流八卦報紙「禁止入境」風波發生之前、批判《台灣論》的社論（3月5日）

●金美齡召開記者會。下圖為「台灣論贈書聯盟」相關報導，該聯盟在一小時之內免費送出250冊《台灣論》。（3月5日《台灣日報》）

「中華民國應該消滅」的震撼發言

3月4日，台北大亞百貨前面的廣場，一群由上班族與學生組成的「台灣論贈書聯盟」，免費將250冊《台灣論》送給市民朋友。

另一方面，特地為支持《台灣論》而回台的金美齡，於台大校友會館舉行記者會，強調「小林是日本暢銷作家，他是出於善意，愛台灣的」、「此事讓我無顏面對小林及日本友人。我也不禁懷疑，台灣真的已經民主化了嗎？」、「台灣應解除黑名單，並公開向小林道歉」。

金美齡是陳水扁政權的國策顧問，在台灣知名度卻不高，但這次記者會被大幅報導後，她立刻成為矚目焦點，當晚就出席電視政論節目『全民開講』。台灣的政論節目比日本激情得多，當天該節目除了金美齡之外，全都是為批判、圍剿她而來，因此一再出現金美齡孤軍奮戰的場面。但即使如此，金美齡還是義正辭嚴地說道：

「我不是中國人，也不是中華民國國民！」

「中華民國不被世界各國承認，這樣的框架只會妨礙台灣加入聯合國等國際組織。我們應該重視這樣的現實。如此虛假的中華民國，應加以消滅。

我不承認中華民國！」

此話一出，節目錄影現場乃至於電視機前的觀眾，幾乎都停止呼吸。令大家震撼的是，金美齡何其有膽量，竟敢說出這樣的話來。

換言之，金美齡擺明她否定中國人的外來政權「中華民國」，支持台灣人以「台灣」之名獨立。但這卻是長期以來台灣政治議題「潘朵拉的盒子」。

所以，即使陳水扁總統為了避免與中國及國內在台中國人正面衝突，一再強調自己是「中華民國總統」、「願意維持中華民國現狀」。所以，金美齡這番話等於在台灣社會丟出一顆威力強大的震撼彈。

當然，批判聲立刻瘋狂襲來，但即使反對者攻擊她「不承認中華民國的人，不應讓他擔任中華民國的國策顧問」，金美齡還是老神在在地回應：

「我是陳水扁的國策顧問，不是中華民國的國策顧問！」

一夜之間，超級政治明星已然誕生。

隔天金美齡再度參加政論節目，同樣也被在台中國人圍剿，但他仍不改論調，堅決主張「台灣是台灣，台灣絕對不是中國的一部分，這種信念，我一輩子不會動搖」。至於立法委員群起要求她「辭去國策顧問」，金的回答則是：「在推展日台交流

●上／金美齡的記者會現場，媒體蜂擁而至。
●下／在『全民開講』上孤軍作戰，毫無退縮的金美齡。金當晚的發言開啟了台灣歷史發展的新頁。

方面，沒有人比我更適合，所以，除非陳水扁總統不再續聘我，我不會辭掉這個職務。其實不管有沒有這個職務，我都是要為台灣做事的……」留下這一席話之後，3月6日金美齡離開台灣。

結果，「禁止入境事件」變成在台中國人致命的「聰明反被聰明誤」。騷動進一步擴大之後，在台中國人最害怕的「中華民國應否存在」話題突被端上檯面，熱烈討論起來。

中華民國九十年三月八日／星期四
聯盟聲催 要求撤換許文龍、金美齡
總統會做適當考量
羅福全：台灣論部分內容不恰當
慰安婦事件 我方要求日本政府正式道歉 但未明確表態是否應譴責小林 立委火大口出三字經

●強調《台灣論》有不當之處，並表示將針對慰安婦問題要求日本政府道歉的駐日代表羅福全。（3月8日《中國時報》）

台灣人的氣概與悲哀

《台灣論》風波與騷動造成統派聚集的北部，以及台灣人佔多數的南部地區反應兩極化情況，甚至有人稱之為「南北戰爭」；在北部被拒買的奇美食品，南部反倒暢銷。

高雄市某處公園，甚至有人豎起這樣的牌子：

「中國人與狗不得進入。中國豬趕快滾回去！」

「中國人與狗不得進入」是戰前上海租界公園常見的告示牌，這句話象徵了歐洲人對中國人的歧視。至於高雄出現的這句話，則和「狗去，豬來」一樣，顯示出民眾「台灣人就是台灣人、徹底討厭中國人」的想法。此外，一些台灣人寫給小林的支持信函中，也出現「中國鬼子」這類用語。

不過，也不是所有台灣人都毅然不屈。

駐日代表羅福全在風波發生之初，就被在野黨、統派盯上猛打。在台中國人故意把《台灣論》第一章（第九頁）的「他們還現場教獻唱了幾首童謠、軍歌和日本明治天皇的歌曲」詮釋為「大唱軍歌」，並以此質詢當天參加宴席的羅福全，「你是不是也唱了日本軍歌？」、「你難不成想美化日本軍國主義？」等等。

這簡直就是流氓找碴作風。羅福全面對媒體則一再解釋，說他「沒有唱軍歌」，還強調「只和小林吃過一次飯，漫畫則沒有讀過。後來讀了中文版，發現該書部分內容非常不恰當」，「將要求日本政府向慰安婦正式道歉、賠償，檢定中的中學歷史教科書，也會希望他們好好遵守正確的歷史認識」等等，拼命效忠「中華民國」。或許這只能說是怕丟官者試圖自保的悲哀吧。

但即使如此，在台中國人立委還是不放過，他們把羅福全叫到立法院大加訓斥，羅福全也拼命強調「我是中華民國的駐日代表」、「《台灣論》內容我完全無法同意」。然後，新黨議員為了測試羅福全「對中華民國的忠誠度」，竟要求羅現場唱完整首「中華民國國歌」。像這種不讓人辯駁以蠻力服人、「動私刑」的做法，竟然公然在國會殿堂上演，可見台灣民意代表水準之低！而這就是中國人！

羅福全唱完「國歌」、表達對「中華民國」的「愛國心」之後，如此說道：

「難道，我受了日本教育就是原罪嗎？」

台灣人倒也有這種人。

餘波盪漾

之後，新聞媒體仍續炒作這個議題，報紙上出現「政府絕不可向小林道歉！」的斗大標題。擔心外界以為小林傲慢到要求台灣政府道歉，也避免錯誤傳言繼續擴散，小林立刻在《中國時報》上發表聲明。

3月8日，陳水扁總統接見中國民運人士魏京生時，首度針對《台灣論》風波以及小林善紀被禁止入境一事打破沉默，強調：「捍衛言論自由」、「不能以不同意見或意識形態為理由，禁止任何人入境」。至於金美齡不承認中華民國的問題，他也明白表示，「資政、國策顧問的言論自由應被尊重」。兩天之後他再度說明，「我們沒有理由因為某人畫了一本漫畫，就限制他來台」、「只要我在任一天，絕對不允許再有因為言論問題而出現黑名單的情況」。

3月12日，小林善紀第一次登上台灣電視畫面。雖然只是小林與金美齡在東京接受採訪製作的錄影帶，當天中午與傍晚電視報導播出訪談摘要後，晚上又以特別節目方式完整播出。不僅如此，隔天早上又反覆播出好幾次重點畫面，簡直把小林

●初次出現在台灣電視畫面的小林，
給人比漫畫更溫文儒雅的印象，大受好評。

當作大明星處理。

除此之外，這段期間也出現另一件事情，就是3月10日兩岸同時傳出一個可疑消息，說許文龍的奇美實業大陸江蘇鎮江廠，已被中國政府下令關閉。雖然奇美實業否認該傳聞，中國當局卻態度曖昧，導致事態不斷擴大，總統府鄭重地要求行政院修正放寬對大陸投資限制的政策。立法院與媒體輿論也出現大量支持李登輝提倡的「戒急用忍」聲浪。結果，原本為了對許文龍施壓所放的謠言，卻促使台灣人同仇敵愾。13日中國當局首度表示，關閉奇美江蘇鎮江廠一事乃子虛烏有。

事實上在此一年之前，總統大選中力挺陳水扁的許文龍，即傳出中國禁止奇美塑膠原料輸入的傳聞，後來證實並無此事。這次「奇美江蘇鎮江廠被關廠」事件，同樣暴露出中國一貫的「謠言戰術」與「狼來了！」伎倆。總之，對手軟弱，中國人就會得寸進尺、更加猙獰。反之，若對手毫無畏怯，中國看苗頭不對就會撤退。經驗顯示，中國人的恐嚇手段多只是嘴巴唬人而已，日本政界人士經由此事，也應認清中國人這種伎倆才對。

另一方面，蔡焜燦先生也遇到了狀況。《台灣論》中也曾特別加以介紹的他的力作，《台灣人與日本精神》，突然被負責出版的日本教文社及其母體宗教法人「生長之家」宣佈停止販賣。「生長之家」副總裁谷口雅宣在其電腦網頁上說，本書「被外界與小林善紀的《台灣論》相提並論，令他們感到遺憾。」、「生長之家不參與任何政治運動，也和日本國內的民主運動保持距離」。

然而，停止販賣主張台灣獨立的書籍，再怎麼看都是一種政治運動，也就是公然支持統派。但問題是，日本教文社本身也出版了《昭和天皇》、《神道之心》、《日本人所遺忘的　眾神微笑國度的心靈與傳統》等書。這些書籍照中國共產黨的分類，百分之百就是「日本民主主義政治運動著作」，照谷口前述標準，也應該立刻停止販賣才對。蔡焜燦一向鼓勵日本人「抬頭挺胸！」，日本教文社卻如此待他，豈有資格出版「日本之心」之類書籍？

根據《中國時報》報導，「生長之家」於95年開始在台灣與香港傳教，但與一般日本民間團體不

金美齡返台 建國黨接機高喊讚

出版社登廣告停售 蔡焜燦不滿

小林若在韓國 會被驅逐出境

●媒體故意報導，金美齡入境時持「中華民國」護照，向別人展示時，則拿出「台灣共和國」護照。（3月16日《聯合報》）

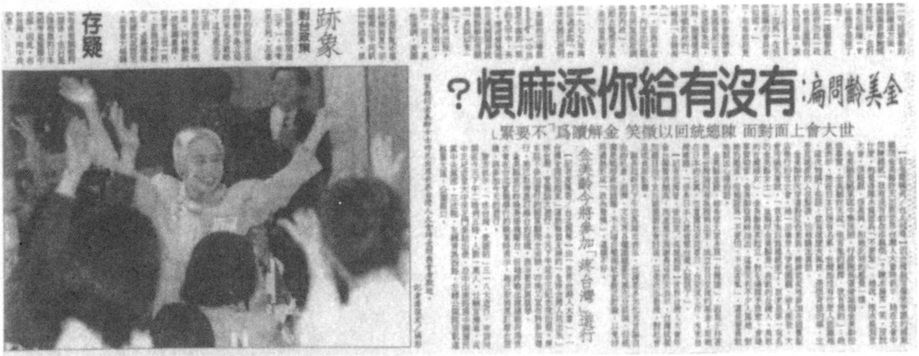

金美齡問扁：有沒有給你添麻煩？

世大會上面對面 陳總統以笑回應 金解讀為「不要緊」

●世界台灣人大會上接受喝采的金美齡女士。（3月18日《聯合報》）

同，該組織正式文件都稱呼台灣為「中華民國」。

台灣人的真正心聲在這裡！

國民黨獨裁時代由散佈各地的台灣人創立、超過六十個團體的台獨組織，於陳水扁政權成立後，重組為「世界台灣人大會（ＷＴＣ）」。為了參加值得紀念的第一次大會，3月15日金美齡再度回到台灣，並且受到大明星級待遇，一下飛機就被媒體包圍。有的媒體拍到金美齡通關的照片，便大肆宣揚「不承認中華民國的金美齡，使用中華民國護照」。

進入機場大廳後，金接受獨派人士熱烈歡迎，在全場「金美齡、讚！」聲中，建國黨代表拿出手製的「台灣國護照」送給金美齡。當然，此景也被統派媒體抨擊，說「金美齡仍然否定中華民國」；焚書立委馮滬祥甚至叫囂，「應該判金美齡內亂罪！」。

當晚金美齡再度參加電視政論節目。而當天台灣所有類似的政論節目，主題幾乎都是「獨立好，還是統一好？」、「國名應該是台灣？還是中華民國？」等等。

3月16日，大會在台北國賓飯店開幕，會場入口有一大片「堅決支持小林善紀」的垂幕，會議中也數度出現支持《台灣論》的聲音，並有人發起連署聲援小林善紀與許文龍的活動。其中，旅日台灣同鄉會會長林建良表示，「《台灣論》是站在台灣人觀點描繪台灣歷史的著作」，他強調攻擊《台灣論》的人，是「以中國人的觀點扭曲台灣歷史」。

至於金美齡則整天被各媒體追著跑，採訪行程排得密密麻麻，所到之處無不歡聲雷動。但也有不滿人士對她的座車投擲臭雞蛋。

經此一役，金美齡成為台灣獨立的精神領袖，她刮起的旋風，媒體稱之為「金美齡現象」。熱門之餘，電視上甚至出現模仿她的藝人。

3月17日，金美齡穿著粉紅洋裝進入世界台灣人大會會場，現場立刻掌聲雷動。司儀笑著說，

●上／自從《台灣論》風波以來，陳總統首度在世界台灣人大會上與金美齡同台，舉國矚目。（中央為陳總統）

●下／抗議金美齡的在台中國人團體。同樣是小貓兩三隻，由此可見反《台灣論》運動的真正規模。（3月5日）

「還以為是總統來了，原來是赫赫有名的金美齡女士駕到」，並介紹金是「勇敢的台灣人、勇敢的台灣女士」。然後麥克風交給金美齡，金氣勢恢弘地告訴全場與會者：

「我因為說了真話，才激怒統派。小林告訴我，他希望將《台灣論》版稅全部捐出來，作為促進日台民間交流的基金。為了感謝小林的好意，大家多多買書吧！」說完，全場又是如雷掌聲、久久不散。

對於自許為「中華民國總統」而高呼「中華民國萬歲」的陳水扁，獨派以前還能寬容，但「金美齡現象」出現後，兩者關係便產生裂痕……在此之前數日，統派媒體如此炒作，試圖挑撥陳水扁與獨派的關係。

不料，蒞臨大會會場並發表演說的陳水扁總統，還是拿掉幕僚所準備稿子中所謂中華民國「第十任總統」的說法，改稱自己為「台灣國總統」，最後並高呼「台灣萬歲、台灣人民萬歲」，剎那間博得全場熱烈喝采。

當天在大會上見面時，金美齡問陳總統：「有沒有給你添麻煩？」，陳總統則微笑以對，表示沒關係。總統幕僚聽到陳總統喊出「台灣總統」這句話都很緊張，果然不出所料，媒體立刻抓住這個問題大作文章。但即使如此，統派試圖分化陳水扁總統與獨立運動關係的企圖，還是落空了。

然後，為了破壞大會閉幕後即將舉行的示威遊行，統派媒體故意在電視節目的走馬燈上強調，金美齡將馬上返日、不參加遊行。知道這個消息，金美齡立刻取消機位、留了下來。

然後3月18日下午3點，主題為「全世界台灣人站起來！」的愛台灣團結人遊行從中正紀念堂前廣場出發，前頭帶隊的正是金美齡。隊伍行進中，參與者不斷高呼：

「TAIWAN?」「YES!」（台灣？我們要！）

「CHINA?」「NO!」（中國？我們不要！）

聲音響徹雲霄，氣勢壯大的遊行隊伍，沿途不斷吸引人潮加入。原本預定只有五百人參加，一小時後走到總統府前廣場時，已超過一萬人。此時樂隊開始演奏，金美齡率先走到台上，並且跳起舞來，立刻將現場氣氛帶到最高點，全場民眾也氣勢驚人地一起高歌、跳舞。而「跳舞的金美齡」也成

●上／上萬人參加的「愛台灣團結大遊行」。前頭中央帶隊的就是台灣獨立女英雄金美齡。遊行規模之大，遠遠超過焚書運動。

●下／世界台灣人大會的櫃檯設置會旗，並進行「支持台灣論、小林善紀」簽名活動，無數簽名密密麻麻。

●「禁止入境」的命令終於解除。
（3月24日《聯合報》）

聯合報　7 綜合

小林善紀入境解禁了

內政部檢討六百多名黑名單 爲小林解套

指「時空環境因素改變」管制理由消失

【記者楊羽雯／台北報導】內政部「不予許可及禁止入出國案件審查會」昨天針對歷年來引用移民法規限制入境的名單通盤檢討，總共檢討六百五十九位外國人入境管制的理由，重點則在爲「台灣論」日籍作者小林善紀「翻案」。審查會以「時空環境因素改變，小林善紀入國對於公共安全及公共秩序影響已大爲降低」爲由，認定管制理由消失，解除小林入境的禁令。

在行政院和內政部政策指示下，小林善紀案起死回生，然而在這次檢討會議中，僅小林與另外兩名外籍人士被解禁，另外還有五百五十六人繼續列管，審查委員要求境管局再詳加清查，提報下次會議討論。

小林善紀案的解套，政府頗爲用心。由於高層反對以限制入境處分小林，要求內政部重新處理，內政部上周二針對「入出國及移民法」第十七條第一項限制外國人入境的條文提出檢討報告，建議增加「內政部長的審核裁定機制」，意即日後境管機關一旦引用第十三款限制外人入國，境管局將「暫時不列管」，待案件送交內政部長裁決後，再決定是否執行管制，並在短時間內召開跨部會專案審查會議，審查是否解禁。有這道緩衝才得以將小林善紀從列管名單中撤消。

入出境管理局表示，警政署在審查會中針對小林善紀禁止入國一案提議，認爲時空環境因素改變，小林善紀若進入我國，對於公共安全及公共秩序的影響已大爲降低，建議解除小林善紀的禁止入國處分，經過出席委員充分討論後決議，同意解除禁令。

警政署在二月底是基於社會治安和小林善紀人身安全的考量，先行文入出境管理局，依據入出國及移民法第十七條第一項第十三款規定，外國人「有危害我國利益、公共安全、公共秩序或善良風俗之虞者」得禁止其入國，管制小林善紀入境。同時，警政署依據同一條文第三項規定，引用第十三款規定，禁止入國者，應送「內政部不予許可及禁止入出國案件審查會」審核，經審核仍應列管者，禁止其入國。因此審查會在三月二日召開會議，九位出席委員一致通過列管小林善紀，管制入境。

小林：陳水扁總統明智決定

【東京特派員陳世昌／廿三日電】「台灣論」的作者小林善紀廿三日晚間聽說禁止他入境台灣的命令已取消，心情愉悅的向本報記者表示，他相信這是陳水扁總統所做出的明智決定。但他目前尚未有訪台計劃。

小林善紀說，不論台灣以什麼理由來解除禁止他入境的命令，他都相信這是陳水扁總統所作的指示。他表示陳水扁總統明白什麼是民主國家的真諦，陳總統是一個有膽識的人，他非常感謝陳水扁總統。

小林說，雖然他的禁令解除了，但台灣還是有許多反對他看法的人，所以現在還不是去台灣的時候，他不喜歡再度在台灣社會引發爭論，所以還是等過一陣子台灣論的風波平息後再作訪台的考慮。對於被台灣「禁足」後再被「解禁」，小林說，他並沒有改變對台灣的良好印象，反而更了解台灣內部統派人士在這次風波中爲了維護自己權益所作的發言。

為新聞漫畫焦點。

相對於焚燒《台灣論》者只有二十幾人。

支持台灣獨立的遊行隊伍卻上萬人！

台灣人支持哪邊，事實已經再明顯不過。

最後，3月23日，小林善紀被禁止入境的行政命令解除，理由是「時空因素環境改變，小林善紀入國對於公共安全及公共秩序的影響，已大為降低」。

針對此事，台灣獨立建國聯盟成員廖建龍先生透過記者向小林傳話，他說：「小林善紀先生，因為有您的大作《台灣論》，台灣國家定位問題才有機會再度好好討論。我們謝謝你。今天，台灣政府已經解除禁止您入境的命令。我想這代表，阿扁歡迎你來台灣訪問。」

部分公開
來自台灣的支持信函

我是目前攻讀博士的學生，外祖父是醫生，祖父則曾擔任軍醫，隨日軍轉戰南太平洋。二二八事件時，祖父因此被國民黨以「叛亂罪」逮捕，獄中遭受嚴刑拷打。他三年前去世，生前一直認定自己是日本人。

我從小接受三種不同教育，在家接受台灣與日本式價值觀，祖父教我台語、日語，告訴我日本時代許多美好的回憶。學校方面則持續受國民黨洗腦，教科書全是法西斯教條與反日思想。事實上，像我這個世代的台灣人，每個人都是在類似衝突的文化環境中長大。

所以「日本」這個名稱對於我們而言，相當奇妙。因為日本這個國家我們早已熟識，其文化甚至已成為我們靈魂的一部份，我們也很喜歡。然而，時空拉開距離，我們和日本漸漸疏遠。因為終究我們是台灣人，日本則是另一個國家。「日本」這個名稱，真是令我們感到既熟悉，又難以接近。

閱讀《台灣論》時，我想大多數台灣人都會很驚訝，因為台灣人大概都不知道，原來日本人戰後那麼不關心台灣。所以，像小林先生這樣熱情地把台灣重新介紹給日本，真是令人感激。日本與台灣曾經共有的記憶，已隨時間經過而漸漸模糊，所幸在小林先生努力之下，這份美麗的回憶與友誼保存了下來。

台灣政府拒絕小林先生入境，希望此事不至於讓您失望。畢竟那只是政客所為，不代表所有台灣人心聲。台灣目前正處於重要轉型期，許多事情都在改進中。作為台灣人，我願意對小林先生所受的不公平待遇，發自內心誠懇地請您諒解。

第139章
「編纂會」的教科書審查合格
新
傲骨宣言
SPECIA
2001年4月3日「編纂會」成員參與執筆的扶桑社版教科書終於「檢定合格」！
四月一日當天已經發生韓國駭客攻擊「編纂會」、文部省與產經新聞網頁的事件
然而，根據認識的旅日韓國人表示韓國國內實際上並沒有那麼多人反對這部教科書
本章截稿時間已到來不及收錄但四日開始《朝日新聞》一定會大肆抨擊「編纂會」
台灣外省人瘋狂攻擊《台灣論》的情況也將在日本重現？
如此一來 搞不好這次小林會列入日本黑名單被放逐海外！

3月23日，台灣政府解除禁止小林入境處分。我想對此事有所討論，但因教科書戰爭已開打，就留待他日處理。與金美齡女士的對談本，五月將由幻冬舍出版。屆時，將徹底粉碎西尾幹二的謬論。

日本也存在著不重視日本歷史卻更愛中・韓歷史的「外省人」
明明歷史教科書有八個版本
這些左翼「外省人」卻只對一家找碴
全力圍剿不許有議論
如此全體主義作風
絕對必須加以擊破
①針對目前歷史教科書的評價
在此將歷史教科書問題中出現的論點略作整理
過去的歷史教科書大多強調任何時代都有惡劣掌權者 欺壓百姓導致百姓反叛
給人一種過去任何時代都很黑暗的印象
這就是所謂的
階級鬥爭史觀
中学生の歴史
中学社会
歴史
特別是明治之後 日本發展成為近代民族國家
過程中推動的殖民地政策與戰爭全被視為罪大惡極 遭受嚴厲批判
日本完全不應有這些作為！
書中一概如此強調
這些歷史教科書無非想給我們的下一代
很強的罪惡感
第9章 日本の大陸侵略
「大東亜共栄圏」のまぼろし
日本の植民地支配
亦即日本為了對抗歐美追求現代化
才禍延亞洲
所以
特別對於中韓兩國必須不斷地道歉、謝罪
中学社会
歴史
只有日本是壞蛋
如果沒有日本
世界早就和平了
這些教科書一致地如此主張
這一來 日本人就完全無法為祖先感到自豪
垂頭喪氣

《正論》讀者投書開始有人寫道「我才是最能客觀分析台灣的人」。這位讀者真是內人。不過，現在我已經成為改變台灣現狀的「當事人」。我相信自己的所作所為對於本與台灣兩國都有利，才不得不站出來。《台灣論》中文版銷售已突破12萬本！

比如「明治維新」是日本成為民族國家的重大轉捩點
當時的武士階級紛紛為了「公」自願放棄階級特權
這在世界史上前所未見 可見明治維新意義非凡 過去的教科書卻隻字不提
維新的功臣岩倉具視 伊藤博文 大久保利通等也都沒介紹
只凸顯西鄉隆盛、板垣退助等 反抗明治政府公權力的人
當然 如此歷史認識是錯誤的
打倒明治政府
給武士工作!
板垣雖死自由不亡
這些根據階級鬥爭史觀與民眾反叛史觀撰寫的教科書
完全無法向我們的下一代說明現代日本如何形成 眼前的富裕與安樂又是哪些先賢辛苦努力貢獻的成果
重税に苦しむ農民
民衆のたたかい
立ち上がる農民
女子工員のつらい労働
強まる差別と一揆
反之「編纂會」的教科書 卻特別指出我們承受祖先多少恩澤 祖先為我們做了多少犧牲 我們的國家 又有什麼國格與特色
②「編纂會」為何推展新教科書運動
長期不景氣 大家找不到出路 焦躁不安、失去自信 日本人的民族主義因而抬頭
這是最近流行的說法 也是蛋頭學者一致的廉價看法
大家找不到出路到底代表日本「國家發展受挫」還是「喪失自我認同導致國力衰退」的結果?
若認定癥結在於「國家發展受挫」眼前並無有效對策
吉本隆明甚至從奧姆真理教的恐怖主義中找到解決方法

戰後的日本因為將國家隱形化
導致個別國民紛紛被溶解
漸次失去活力 其結果
從目前的孩童或年輕人，
甚至從大人的姿態中都可以看得到。
長期喪失自我認同
大家都不知道如何自我定位，90年代，
一直都在找尋自我
結果讓宗教狂熱團體
有隙可乘
奧姆真理教那些
生命中只有次文化
卻接受高等教育的教徒
就是錯誤範例！
必須一再對外國道歉
日本教育下一代
連國旗與國歌
都不必表達敬意
公開崇敬國家
的儀式 都不能舉行
致使每個人都
「忘了我是誰」
但 當大家開始覺醒 問自己
「我是誰？」
這個問題時
日本人已不再單純地認定努力賺錢就可獲得幸福、
一切也已美滿
感到
生命空虛而殺人的
資優少年 其心中
的疑惑
大人們不曾努力
給予解答（譯按）
裝出一付善解人意的大人
偽善地面對年輕人
竟要求腦袋空空的他們
「你們應該
決定自己的行為
「為自己負責」
真是狗屁不通
我們應做的
其實是告訴年輕人
眼前的世界
是如何形成的
要讓年輕人
找到日本的國家定位
以及個人的歸屬感
我們就不能像中韓兩國
讓政治領導歷史

〔譯按〕：2000年5月上旬，就讀愛知縣明星高中、平日開朗
很會唸書的十七歲少年，爲了體驗「殺人的感覺」，竟然
刀侵入民宅、刺死素昧平生的六十五歲婦女。

久米宏先生（名電視新聞主播）說，教科書應由學校教師評選。但事實上，幕後操縱的都是日教組。共產黨所中意的馬克斯主義史觀的教科書才被選用。教育委員按理說代表家長，「編纂會」也希望獲得家長支持，能雀屏中選。所以，我們讓教科書上市販賣，請大家公評。我們中規中矩；從事不法的，其實是朝日與左翼人士。

③個人與國家的關係
戰後知識份子大多認為戰前的國民多半「為了國家」而犧牲「個人」
這些知識份子眼中 只有個人沒有國家
人人都有「私」的一面，與「公」的一面
在公的場合按理說就應當遵守公共規則約束自私行為
所謂的「公共規則」 每個國家可能都不一樣 但我想「公」都是從該國歷史中產生的
但問題是 如此一來我們的國民成材了嗎？
根本沒有！
反而每況愈下
這是理所當然的
只強調「我思故我在」個別的國民不可能成材
美國人的「公」就像撞沉愛媛號之後完全不理會被撞的日本受害者
印尼的「公」則是抗議日本食品公司「味素」使用豬的酵素作為觸媒
英國人的「公」是承認階級
美國人另一種「公」是每個人都可擁有槍枝以維護民主
韓國人的「公」最重要的是儒教強調的骨肉重逢
日本人的「公」則是遵守時間
注重衛生
力行勤勉
保持忠誠之心
台灣的「公」是學歷主義
印度的「公」卻是種性制度以及印度教不可左手吃飯的規定
阿拉伯國家的「公」則是女人不可公開露面
有些地方完全不允許有所謂的「戀愛」

「美化日本的侵略」這種說法已經太氾濫了！這句話到底在說什麼？雖然曾經有許多次左翼人士聚集到深夜嘶吼抗議，最後我們的教科書還是修正通過了。記載日本之惡的東西，已經太多、太多了！

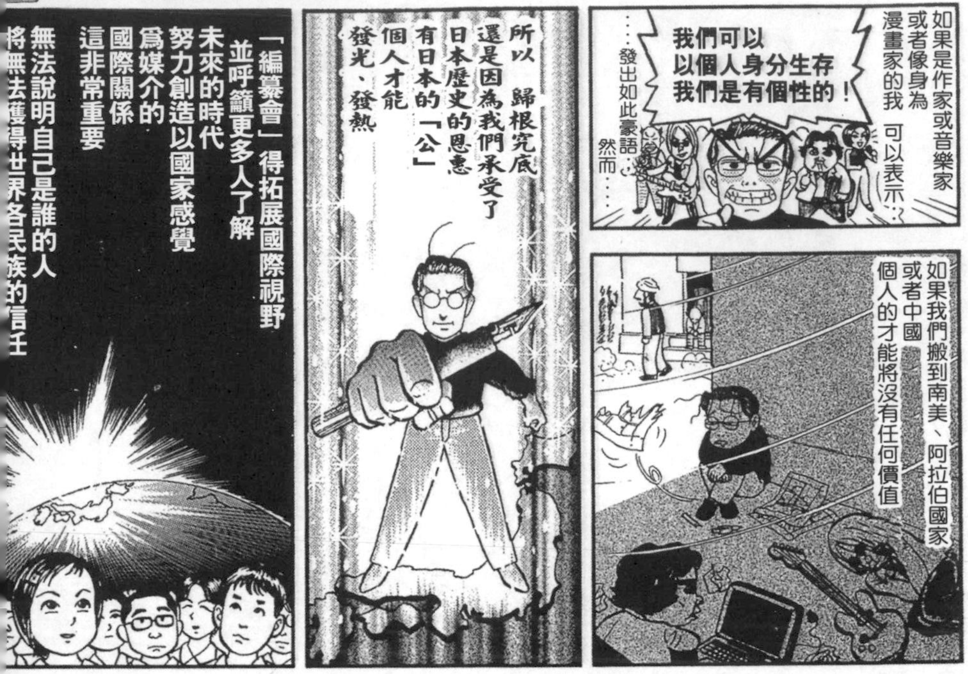
如果是作家或音樂家
或者像身為
漫畫家的我 可以表示⋯
我們可以
以個人身分生存
我們是有個性的！
⋯發出如此豪語⋯
然而
如果我們搬到南美、阿拉伯國家
或者中國
個人的才能將沒有任何價值
所以 歸根究底
還是因為我們承受了
日本歷史的恩惠
有日本的「公」
個人才能
發光、發熱
「編纂會」得拓展國際視野
並呼籲更多人了解
未來的時代
努力創造以國家感覺
爲媒介的
國際關係
這非常重要
無法說明自己是誰的人
將無法獲得世界各民族的信任

④面臨近鄰諸國的反彈與批判

如果指責他國教科書
不是內政干涉
今後我們也可
要求中韓兩國訂正
他們的教科書
因為他們講歷史時
根本就是把「反日」當作
國家的自我認同
真正偏差的其實是他們！
讓我們根據「史料」
把韓國近代化過程
忠實地還原
韓國的
公路是
誰鋪設的？
鐵道是
誰做的？
學校又是
誰蓋的？
法律制度
同樣是誰做的
都一一澄清
以牙還牙
真正受不了的
應該是中國與韓國
至於中國的教科書
一味地強調日本是發動戰爭的敵國
自我催眠地編造故事
說他們與「百人斬」、
殘酷的日軍奮戰不懈
以此自我滿足、
激發敵愾心 此類記載
都應修正
大躍進死了2000萬人
文化大革命死了2600萬人
侵略西藏殺了120萬人
這些事實則應坦白記載！
日本鬼子

●潮匡人的《長野縣民所不知道的田中知事「真相」》這本小學館出版的文庫本，很有趣。我們當
了解，媒體緊盯森首相不放，卻對田中睜一隻眼閉一隻眼，是故意的行為。
●《傲宣》中人氣不斷上升的台灣新生代希望，謝雅梅小姐的大作《台灣論與日本論》，一定要讀
本書沒有因襲傳統看法，而是就事論事、真實呈現，令人耳目一新！謝與小林的對談更是精采有趣

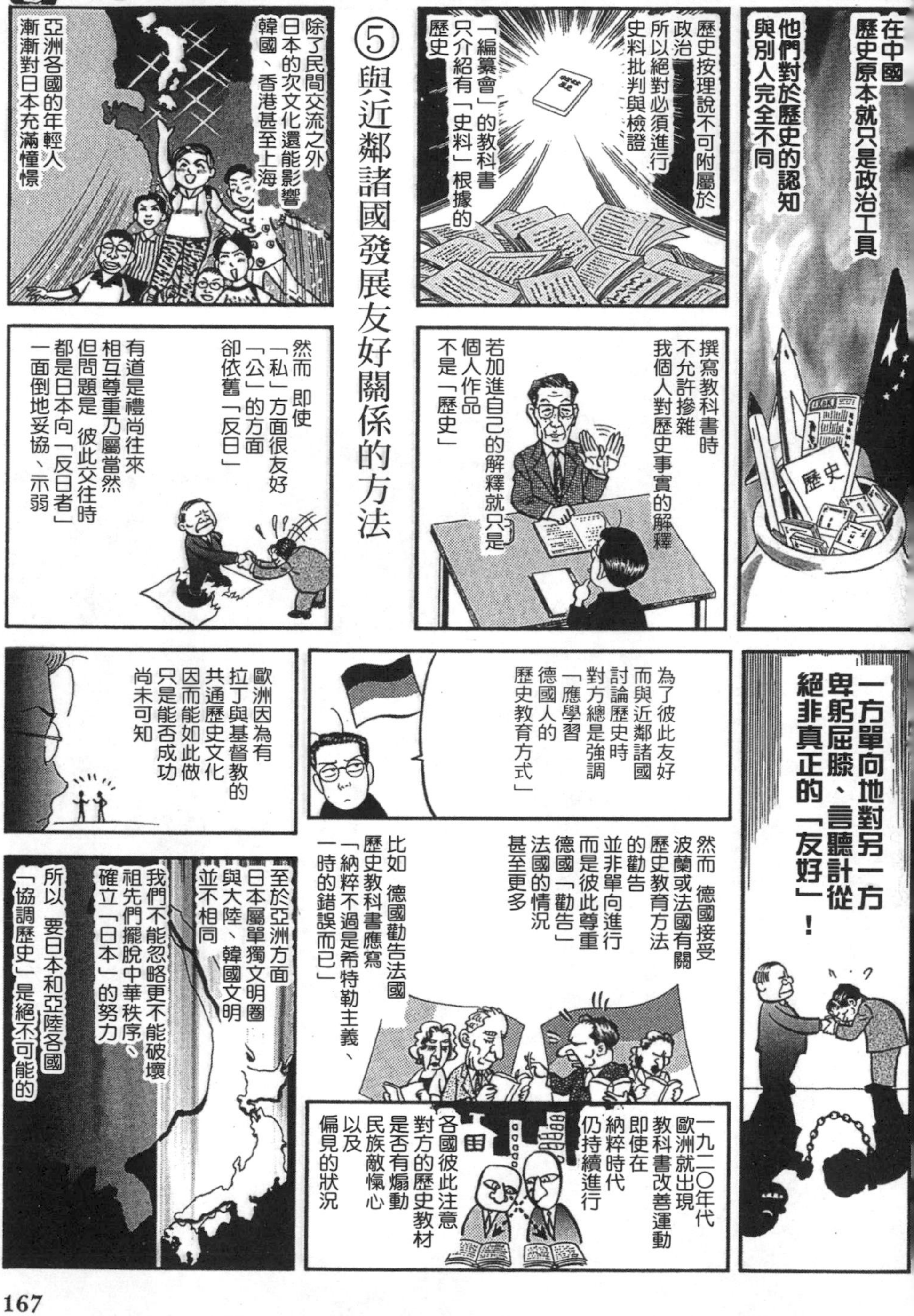

在中國 歷史原本就只是政治工具
他們對於歷史的認知 與別人完全不同
歷史
歷史按理說不可附屬於政治 所以絕對必須進行史料批判與檢證
「編纂會」的教科書只介紹有「史料」根據的歷史
⑤與近鄰諸國發展友好關係的方法
除了民間交流之外 日本的次文化還能影響韓國、香港甚至上海
亞洲各國的年輕人漸漸對日本充滿憧憬
撰寫教科書時 不允許摻雜我個人對歷史事實的解釋
若加進自己的解釋就只是個人作品 不是「歷史」
然而 即使「私」方面很友好「公」的方面卻依舊「反日」
有道是禮尚往來 相互尊重乃屬當然 但問題是 彼此交往時都是日本向「反日者」一面倒地妥協、示弱
一方單向地對另一方卑躬屈膝、言聽計從 絕非真正的「友好」！
為了彼此友好而與近鄰諸國討論歷史時 對方總是強調「應學習德國人的歷史教育方式」
歐洲因為有拉丁與基督教的共通歷史文化 因而能如此做 只是能否成功尚未可知
然而 德國接受波蘭或法國有關歷史教育方法的勸告 並非單向進行 而是彼此尊重 德國「勸告」法國的情況甚至更多
比如 德國勸告法國歷史教科書應寫「納粹不過是希特勒主義、一時的錯誤而已」
一九二〇年代歐洲就出現教科書改善運動 即使在納粹時代仍持續進行
各國彼此注意對方的歷史教材是否有煽動民族敵愾心以及偏見的狀況
至於亞洲方面 日本屬單獨文明圈 與大陸、韓國文明並不相同
我們不能忽略更不能破壞祖先們擺脫中華秩序、確立「日本」的努力
所以 要日本和亞陸各國「協調歷史」是絕不可能的

審查的歷史教科書無法呈現的真實歷史，我只好在《戰爭論2》中為大家介紹。

當然 日本的教科書 包含「編纂會」版本 完全沒有煽動讀者 對中韓兩國 敵意的記載！
只有中韓兩國拋棄幼稚的 民族主義 不再一味地煽動 「反日」敵意與偏見
並保障言論自由 彼此的友好關係才可能建立
不可在歷史中摻雜善惡 也不可用現在的價值觀 臧否歷史
當然更不可爲了 強調現政權的正統性 而扭曲歷史
但問題是 中韓兩國能 如此面對歷史嗎？
然而 中韓兩國的 教科書又如何？
不是明顯地「反日」嗎！
若他們能如此做 尊重彼此 「公」的特徵與國格 大家就能平等交往
只是 目前 能做到這點的鄰國 可能只有「台灣」 所以 我才向台灣 伸出友誼之手
台灣論
小林善紀
我可以驕傲一下嗎？
坦白講 無法用 哲學角度思考「歷史」的 「有點笨的左翼人士」 以及
只會取悅 中韓兩國的僞善者 言行充滿歇斯底里 完全不會知性思考
又如瘋狗一般 狂吠亂咬 「編纂會」教科書
所以 亞洲亂局 事實上是「日本國內左翼外省人」 特意製造出來的！
咬啊！咬啊！
哇嗚—

專訪2

「新歷史教科書」終於登場！

二〇〇一年四月三日審查結果發表前後，我們連續兩次專訪小林先生，處理相關疑問。反對者總是一味地把「編纂會」版教科書貼上「外力介入」、「右翼」的標籤，試圖加以封殺。但我們不會讓這種做法得逞！

PART1……合格發表前——瘋狂的批判與圍剿

《朝日新聞》利用中韓當打手

——「新歷史教科書編纂會」（以下簡稱「編纂會」）版教科書，眼前已成中韓兩國抨擊對象。小林先生參加「編纂會」的動機何在?

小林　自從發生奧姆真理教以次文化形成歷史觀，演變成走火入魔的恐怖組織之後，我愈想了解自己內在的歷史。也就是說，有一種強烈的驅策力，使我想探求因為有了祖先們的各種犧牲與努力，才有今天的我們。

——最近一連串風波，起因都是去年七月底《朝日新聞》與《每日新聞》大篇幅介紹編纂會版公民教科書內容。今年二月廿一日，《朝日新聞》頭版以「政府『決不政治介入』?」的斗大標題，強烈抨擊政府不進行政治干預的方針。

小林　《朝日新聞》根本就是利用中韓兩國，遂行其宣揚反國家意識形態的目的。他們放音樂讓中韓兩國跟著起舞，事實上等於在侮辱對方。《朝日新聞》算得很準，反正只要報導時加油添醋，中韓兩國就會跳腳。中國與韓國真的該好好弄清楚《朝日新聞》在搞什麼把戲。

——中國外務省已公開表態，希望日本不可讓某日本教科書審核通過。韓國政府則召見日本駐韓大使，表達關切之意。但也有人認為，中韓兩國的反應，已干涉了日本內政。

小林　這真的是如假包換的干涉內政。

——日本有所謂「近鄰諸國條款」，也就是編纂教科書時，必須考慮近鄰諸國的看法。是吧？

小林　不過，「近鄰諸國條款」本身就很奇怪，應加以廢除。事實上，這種「條款」是新聞誤報造成的。捏造出這種說法後，左派曾在報紙上做了解釋，卻絕口不提自己「誤報」的事實。

——有人說編纂會的教科書內容偏頗。您認為呢？

小林　日本教科書不採國家統一版本。一個學科可以有八個版本。如果每個版本都必須與其他版本配合，乾脆由國家統一編纂教科書就好了。反正《朝日新聞》與台灣外省人媒體一樣，處心積慮要消滅編纂會。凡是他們不能接受的言論，就一概加以打壓。他們無所不用其極，簡直就是史達林主義作風。

我個人倒認為，審查這種制度本身，仍有其必要，講極端一點，如果完全沒有審查，奧姆真理教也可能推出反映他們奇怪歷史觀的教科書。所以，重點是審查要有適當範圍。

●2001年4月3日，「編纂會」的教科書通過審查。

特攻隊成員全都是被迫上陣的嗎？

——「編纂會」的歷史觀，有人批評是以皇國史觀為主，企圖美化戰前的日本。是嗎？

小林　這當然是錯誤的。教科書的個別內容，目前還在審查中，按理說不能深談，但反正是他們（譯按：指左翼人士）先破壞規則的，我拿出來討論，應該沒有關係（笑）。

我認為世界上任何國家，都應重視自己國家的「神話」。所以，在這本教科書中，我特別介紹了《古事記》。不過，我從頭到尾把它當作神話處理，不認為那是事實。

目前，日本的成人，大概也很少人知道《古事記》的與《日本書紀》內容。事實上，這兩本書都不是講道德教誨故事，而是頗具原始殘酷特色、浪漫的古代傳說。這些傳說既有趣又令人覺得不可思議，讓我不禁非常好奇。事實上，我從國中時代開始，就對這類問題很感興趣，並且開始思考，在怎樣的歷史背景下，日本人才會想出這類怪異故事來。

——這次教科書騷動之中，有十九個「有識之士」連名發表抗議聲明，抨擊「編纂會」教科書「日本發動戰爭與對外殖民乃受到周邊諸國壓力、不得已而為，所以，日本沒有錯」的處理方法。您的看法如何？

小林　好吧，難道我們的教科書應該寫說，「日本過去做的事全都是錯的」？還是「全都是正確的」？還是「有些地方錯、有些地方正確，什麼都很難說，還不清楚」？

那個時代國際權力遊戲就是如此玩法的。所以，即使「編纂會」的教科書也不會採取「日本完全正確」的寫法。

畢竟從歷史的角度觀察不同時代現實，除非像「觀世音」那麼神通，否則每個人眼中看到的，恐怕都是渾沌的事態。即使同一個國家，也可能部分

●中國與韓國的國定歷史教科書。

很正面，其他部分非常邪惡。而且，歷史論述也不可能把同時發生的一百件事，同步紀錄下來。

歷史記載若要徹底「客觀」、「包山包海」，就寫不出來。過去日本教科書都以階級鬥爭史觀為出發點撰寫日本各種歷史故事。總之，我認為我們每個人都生活在「故事」之中。

——參與抗議的學者中，有的強調歷史教科書內容，應當遵循政府方針。比如，自從七二年日中發表共同聲明、日本正式向中國道歉以來，經過九三年細川護熙首相訪韓及九五年村山富市首相發表公開談話，日本政府一貫地表達了面對中韓兩國反省自己錯誤的態度，教科書也不應脫離這種做法。

小林 為什麼歷史必須被政治控制、被政治化？做這種主張的人，難道認為只能在政治許可範圍內講歷史？如此一來，歷史豈不變成政治的工具了？

——「編纂會」版教科書有關「特攻隊」的說法，也被認為有問題。比如，你們在書中寫道「美國後來也很尊敬特攻隊」。是吧？

小林 這部分我們已經有所修正。那十九個發表抗議聲明的學者，都是典型的左翼史觀。他們猜想，參與特攻隊的年輕人，一定都是心不甘、情不願。但事實沒有這麼簡單。

這就是我常常講的，我們每個人可能每天都有不同想法。比如，也許今天我會想「他媽的，一定要打沉一艘航空母艦！」或者「為了家人與故鄉，犧牲性命在所不惜！」等等，充滿為「公」奉獻的熱情。然而，也許隔天卻產生失望心情，認為「為什麼我一定要去送死？我還很年輕啊」等等。

這些學者學者們卻一味地強調後者，也就是當事人日記中的想法。但問題是，如此否定年輕人為「公」犧牲奉獻的價值，則勇敢跳下鐵軌救人而被輾死的兩名男性，其救人義行就會變成一文不值。畢竟這兩人是把「公」放在優先才喪命的。

「編纂會」版教科書既非反美也非反中、反韓

——中韓兩國都採取單一國定教科書制度。是吧？

小林 而且，完全是一種反日教育。當然，要怎麼寫日本殖民地統治時代多壞，是他們的事，我們不會干涉他們的內政。只不過，韓國教科書奇怪之處在於完全不提日本當初進行土地調查、鋪設鐵道、開闢道路、興建學校等事實；卻一味地強調「日本人很壞」的刻板印象。韓國小孩閱讀這樣的歷史教科書，完全無法了解自己的國家近代化的過程。而且，「反日」竟然成為他們自我認同的基本要素，結果反倒使得「日本」這個國家在韓國人內心佔據愈來愈重要的地位。他們竟然只能在「反日」這件事上做得徹底，不禁令人擔心，韓國人的自我認同會不會出現精神分裂狀況。

——您是否曾經嘗試，把這樣的想法讓中韓兩國媒體知道？

小林 說了也沒用。現在我只能說，中國與韓國，你們要繼續用反日史觀作教科書，請便。不過，你

們的國民有可能因此變成缺乏自我認同。若出現這樣的狀況，我可不管。

我覺得，目前最重要的工作，是讓我們的下一代在能夠更具體感受到日本歷史發展過程的教育環境中成長，更了解自己生長的國家歷史。我們不能一味地鼓勵孩子追求自私與自我，如此將使他們流於追逐快樂。反之，我們應讓孩子了解，過去曾有什麼人對日本這個國家有貢獻，讓他們發自內心產生「公共」、「公」的想法。這也正是「編纂會」出版教科書努力的目標。

總之，我們必須全力維護自己的語言與歷史詮釋權。這絕對不是反美、反中或者反韓。追根究底，我們只是在講我們自己的故事，使用我們自己的語言。在此原則下，編纂會編纂的教科書，即使有一三〇個地方被要求訂正，我們也絕不會因此喪失基本理念。

（二〇〇一年三月五日）

PART2……教科書審查合格發表後－這是重建主體性的機會

歷史必須是一種「故事」

——「編纂會」版教科書（中學歷史與公民）於4月通過審查。在這部歷史教科書中，小林先生執筆的是哪部分？

小林　這件事可以講嗎？嗯，就是神話以及大東亞戰爭的部分（笑）。我把太平洋戰爭放在括弧裡面，正式的名稱則是「大東亞戰爭」。如此做法獲得東京大學名譽教授、近代史權威伊藤隆先生認同，因此通過了他的「審查」。

——目前最受大家關切的，就是有關特攻隊的記載。原先其中有一段「美國官兵一開始認為特攻隊做法幾近瘋狂，後來卻產生尊敬的感覺」記載，後來因為有視特攻隊為英雄的疑慮而加以刪除了。是不是？

小林　是的。那部分我們做了大幅修正。

——你們為了強調特攻隊員不是被迫出任務，而是把「公」的感情放在「私」之前，自己選擇為國犧牲的，還特別在書中介紹了特攻隊員的「遺書」。是吧？

小林　是的。我在最初的版本中，引用了一段在沖繩戰死的特攻隊員宮崎勝留給胞妹的遺書。

〈安子，……每天空襲，妳大概很害怕吧。哥哥就要去打擊敵人，開飛機衝撞巨大的航空母艦〉

許多人卻認為，這段文章不適合放在教科書中。

——所以，您也遵從審查意見，將它刪除了？

小林 嗯。而且，我想「短評欄」比較能自由地表現，就把這份遺書放在「短評欄」。事實上，我還曾打算放進一篇更激烈的遺書（笑）。

——更激烈的遺書？

小林 就是一個名叫緒方襄的特攻隊員的遺書。他的「激烈」在於，徹徹底底強調「公」的價值觀，非常勇敢，緒方襄還寫了一首和歌：

「即使我死了，死亡很多次。我的魂魄，也將永遠停留　保衛祖國」。

這封遺書很適合拿來說明，特攻隊員完全沒有怕死、自私的想法，而有一心一意想為國犧牲、高尚的奉「公」精神。

——「戰爭很難分出善惡」這段記載，你們也刪除了？

小林 主要是我認為，這個問題屬於哲學層次，很難一概而論。畢竟我們不能像畫漫畫那樣，簡單地說某些戰爭是正確的，某些是錯誤的。

我認為，歷史一定是故事。就像京都大學中西輝政教授在報紙中寫的，「歷史的本質是一種戲劇」、「歷史教材應該更呈現歷史的戲劇特色」，我完全同意這種看法，並且也是在如此方針下執筆。

比如，關於「阿茲島戰役」〔譯按：位於北太平洋、馬里亞納群島最西端的島嶼，二次大戰時曾為日軍重要戰略據點〕，我參考當時美軍官兵的證詞寫道：「日軍守備隊只有二千人，遭受二萬美軍圍攻卻毫無退縮，不久即彈盡援絕，最後剩下三百名左右傷兵仍拖著疲憊的身體，抽出日本刀與美軍進行肉搏戰，最後全部『玉碎』（戰死）」。當時確實就是如此情況。所以，如果我們不生動地描繪，孩子們就無法產生身歷其境的感受。反之，如此寫法，就可讓孩子們了解，祖父們確實是奮勇戰鬥犧牲的。反之，如果只強調「玉碎」，就很難讓孩子們深刻而清楚地了解其中的悲慘、壯烈。

——但是，這部分你們好像也被迫修正了。

小林 是被迫修正了。後來我們改寫，只加強相關事實的描述。

——你們也認為，沒有必要把日軍寫得那麼英勇。是不是？

小林 其實，如果只能這樣做，根本寫不下去。什麼是「歷史」，我在這本教科書開頭就強調，「大多數人都認為，所謂『歷史』，就是了解過去的事實。但未必只能如此。學習歷史，除了可以了解過去的事實，也應該讓我們有機會了解過去的人有什麼想法」。

所以，沿著時間軸羅列事實的歷史，只是一種「年代記」，並非真正的歷史；只有在事實之間加進某種戲劇化的解釋，我們才能真實地了解歷史。過去的教科書令我最不滿的就是全都是「歷史事項」的羅列，所以，我打算在這次教科書改訂中打破這種框架。目前我們已經達成了相當程度的目標。

「這樣的記載對中國很失禮！」

——過去的歷史教科書一味地羅列「歷史事項」，您認為原因何在？

小林 很簡單，因為教科書編纂者想否定國家。舉個簡單例子，以前的歷史教科書，完全無法說明「日本這個國家何時誕生」及「日本這個國號何時開始出現」等問題。是吧？

有些教科書頂多在正文欄外補充說明，「日本這個國號與天皇稱號，於某年正式產生」。但這樣的做法很奇怪。

事實上，「日本」這個國號出現在白村江戰役（六六三年）之後不久。由於在朝鮮半島西南部的白村江海戰中被打敗，日本列島遭受唐與新羅聯軍攻擊的可能性大增，高度危機感之下，日本人開始在海岸線設置「防人」（守備部隊——譯按），藉此強化國防。也就是在這種危機情況下，日本列島「國家統合」的意識開始醞釀，產生了「日本」這個國號。

針對日軍在白村江口激戰二晝夜敗北一事，我們編寫的教科書生動地描寫道：「日軍軍船四百艘著火燃燒，天空與海面被火焰染成一片赤紅」。然後，關於天皇名號成立及「日本」國號產生的過程，我們也都詳細說明。

——所以，閱讀這本教科書，孩童就能了解當初日本人是受到外在壓力才凝聚國家意識、產生國號的過程。是不是這樣？

小林　只可惜，過去的歷史教材完全不這樣做。至於其原因，當然就是想否定國家的心理作祟。

日教組與馬克斯主義信徒的歷史學者，根本就害怕孩子們了解「原來日本這個國家是這樣形成的啊」。

——但有人批評你們把歷史故事化，會有歷史觀偏頗的危險。您認為呢？

小林　講歷史「故事」時，要讓歷史事實更有機地呈現、講得更清楚，無論如何不能不提到「天皇」。比如，大家都知道「公地公民」這個名詞，但確實的意義是什麼，我想大部分日本人都無法說明。

所謂「公地公民」，指的是（譯按：西元六四五年前後「大化革新」運動時推動的律令制度之一），也就是國家將豪族擁有的土地與人民收回直接統治，重新進行土地分配工作。如此一來，以天皇為中心的中央集權國家就成立了。

——日本的國家體制，也是如此確立的。是嗎？

小林　然而，左翼人士與日教組的人，還是拚命想遮掩天皇在日本歷史中具有的意義。結果，過去日本的歷史教科書完全只是「歷史事項」的羅列，完全沒有從說故事的角度呈現「歷史事實」。

——過去教科書審查時，審查委員都會用口頭暗示，給予編纂者「參考意見」，等於私下運作出版社寫出委員想要的內容。但這次聽說不一樣，文部省徹底要求「所有審查意見都必須作成書面」，要求透明化。

小林　確實，審查委員曾以書面指出某些寫法「過於片面」或者「難以理解」。但問題是，為什麼只有「編纂會」的教科書受到一大堆無理改進要求，真是令我「難以理解」。

審查委員的意見好像是，所有中國的負面歷史都不可以寫；只有日本錯誤的部分可以形諸文字。最好是把日本描述成無惡不作。

●韓國出現猛烈抗議日本教科書的行動。（WWP）

——一九八二年教科書改訂時，好像就開始特別注意近鄰諸國的反應。之後所謂的「近鄰諸國條款」也持續發威。

小林　所以，我們關於西藏的記載，也受到很大壓力。比如，我原本寫道：「中國侵略西藏，至今屠殺西藏人128萬之多」，卻被審查委員要求改為：「中國進軍西藏，許多西藏人因此犧牲」。

除此之外，有關舊蘇聯部分，其他教科書都一味地讚美俄國革命，完全不提史達林清算鬥爭導致多少俄國人死亡。這不是很奇怪嗎，和日本有關的南京事件，可以寫日軍屠殺了多少中國民眾；卻不可提到中國與舊蘇聯任何屠殺，以及具體的死亡人數。如此混蛋的做法，你能不生氣嗎？

●書局開始販售「編纂會」版的歷史教科書。（WWP）

下一步是教材選用大作戰

——前次專訪（PART1）時教科書還在審查中，訪問結束後，小林先生曾提到，「未來的因應之道，我自有辦法，但現在還不能講」，請問小林先生，您的對策是什麼？

小林　即使「編纂會」的教科書被要求修正，我們並不會簡單地屈服。雖然總計在一百多個的地方有修正，但我們絕對不會平白忙碌。比如，剛剛提到的「特攻隊」相關記載，最後我們還是順利通過了審查。所以從結果看，我們對於審查意見的反擊，是成功的（笑）。

——接下來的階段，重點是這本教科書如何被第一線有選擇權的人接受。基本上在八月十五日之前，公立學校的主管機關，也就是縣市教育委員會以及國・私立學校校長，必須依其權限選擇使用哪本教科書。是不是？

小林　是的。不過，已經有人動手干預，準備阻礙各該單位選擇我們的教科書。

在制度方面，每個教育委員必須選擇國語、算數乃至於歷史、社會與公民等各種科目，而且僅僅中學歷史就有八個版本，閱讀上確是一大負擔，很難全部仔細閱讀。

因此之故，文部省通令各地區設置教材的先期判讀機關。日教組教師於是紛紛滲透進入這個機構，大肆散播他們的自虐史觀，導致各該單位傾向選擇左翼教科書。這是非常嚴重的問題。

——所以，「編纂會」接下來的努力目標是什麼？

小林　首先，我們打算把教科書上市販賣。不過，文部科學省與公平交易委員會刁難我們，但我們才不怕（注：二〇〇一年六月已上市販賣）。我們希望更多民眾閱讀我們的教科書。事實上，過去我們推出的《國民的歷史》雖然很厚，還是賣出七十萬本之多。而我們相信，這本歷史教科書，應該可以賣得更多。

之前，有電視媒體披露一份民眾對「編纂會」教科書支持度的問卷調查，結果發現支持者占二十幾%，不支持者則有四十幾%。我很意外，支持率仍然這麼高。一路被打壓還有二十幾%支持，已經非常難得。再加上不支持者恐怕內容都沒有讀過，只因受媒體影響形成對「編纂會」教科書的惡劣印象，就不喜歡這本教科書。我們絕對有自信，讓社會大眾了解這本書比其他版本更有趣、更有價值。

——這次教科書問題，形成有戰爭體驗、昭和出生的世代與四十幾歲一代人之間的激烈論戰。我很好奇，為什麼「團塊世代」〔譯按：戰後到一九五〇年嬰兒潮時期出生者〕的人如此沉默？

小林　那是因為嬰兒潮世代的人，完全不了解過去歷史。他們或許在學生時代曾參與學生運動，受左翼思想影響而高呼「粉碎日帝統治」、否定日本這個國家。後來他們紛紛妥協而回歸社會，卻情緒反彈，厭惡思考一切「什麼有價值」、「什麼很重要」的問題。

菅直人（民主黨幹事長）就是其中一份子。菅直人批判我們的教科書：「試圖煽動國人對亞洲各國的優越感，化解不景氣之下日本人愈來愈多的無力感」。可見，即使菅直人這樣的政壇領袖，也完全沒有從相對角度理解戰後民主主義的柔軟頭腦，更無法正視亞洲各國民主化與近代化差異，一味地把所有亞洲國家等量齊觀，根本沒有資格成為日本政壇意見領袖。凡是沒有好好閱讀、比較各版本歷史教科書，只根據《朝日新聞》偏見大肆批判我們的笨蛋，我在此下戰帖，你們要是夠種，就一一過來和我單挑吧！

——與中國的關係方面，台灣前總統李登輝的訪日問題再度暴露出日本政府仍然過度軟弱。

小林　確實如此。橋本龍太郎甚至在電視訪談中說道：「不要把中台紛爭帶到日本來」。日本就是有人如此鴕鳥。但我認為，我們不僅不必以「方便李登輝治療心臟疾病」的人道理由敷衍中共，更應大大方方開門歡迎李登輝，如此既可促進中台友好關係，還能顯示日本外交的主體性。此事也帶給日本人最好機會，重新思考我國與其他國家聯合防衛，以及國家安全保障等問題。

（二〇〇一年四月十五日）

百合美女

秘書金森的一天

有一天……
老闆、要去哪裡？
??
這個嘛不告訴你
我知道了啦
竟然被猜到了……
去買CD對不對！因為今天是宇多田與Ayu的專輯上市日對吧？
妳也要買嗎？
我只買宇多田的
幸好，兩個人的都順利買到了
沒錯♡
碰！
好痛
!!
突然看到對面CD店正在進行大特賣一時之間小林老闆……
買CD附送Ayu的海報！
你也不要突然停下來嘛
真好還送Ayu的海報要是在這裡買就好了
咦？
好失望
對了。反正我也想聽Ayu的歌就買一張海報送給老闆
!!
等一下百合美女
我突然想到我的房間裏面貼著綾子以及hitomi的海報已經沒有空間再貼Ayu的
這？
好吧、我們趕快回去聽歌…
……
原來、還貼兩張呢……

新
傲骨宣言
SPECIAL
第140章
反軍國主義的我 竟然是「極右派」？
二〇〇一年三月二日 我突然成為台灣政府的黑名單 三月廿三日 該處分即被解除
小林よしのり氏 台湾が入境禁止
小林よしのり氏 入境禁止を解除
台湾「環境変わった」
前後只有二十一天 卻恐怕已成世界最短的黑名單 讓我白白做了一場美夢
為何我如此不幸 遭遇到如此狀況 根本難以向雙親與兄弟說明 我為何成為黑名單 以及我的清白
我沒做壞事 你們也知道的
沒有啦、沒有啦 我根本沒有犯罪！
你現在躲在哪裏？
打算逃到哪裏？
我根本不是通緝犯嘛
善紀我兒啊 趕快去自首吧！
幹嘛？我幹嘛去自首——？

《台灣論》中文版賣出12萬本，根據旅日作家黃文雄先生的算法，台灣人口佔日本六分之一，讀書人口比為七分之一，因此這個銷售量相當於日本賣出500萬本！

我只好把黃文雄先生在《產經新聞》的「斜斷機」專欄文章 剪下來寄給雙親過目
謝謝你黃先生
斜断機
小林『台湾論』騒動の裏側
（平成13年3月31日《產經新聞》）
這次收到來自台灣的讀者信函幾乎都是支持意見
黑名單解除後不斷有台灣媒體來電問我的感想 大家都好奇「小林先生什麼時候來台?」但我工作正忙
打算有空時再偷偷去台灣街道上晃盪晃盪一面做採訪
這恐怕很難因為小林先生已變成台灣的超級名人了
就連三月您預定下榻的旅館也都曝光了所以再度訪台時可不要選同家旅館
反正金美齡已成超級巨星有她發言就夠了
而且現在去台灣一定會被媒體窮追不捨無法採訪
可想而知 外省人媒體一定又會惡意報導ー打擊我
等媒體忘了再偷偷去
搞不好到時候我會剃光頭留一把鬍子來個超級變變變
倒是《台灣論》風波告一段落教科書審查結果即將發表之際卻接到《紐約時報》的電話⋯⋯
最近日本國內教科書問題炒得很厲害 你們的《國民的歷史》厚厚一大巨冊 卻大大暢銷許多人說 你們是所謂的「右派」相關爭議美國人也很關切
搞不好我會變成篠原友惠那樣淒慘〔譯按〕
包準你們沒有人能認出來又酷又炫的我

〔譯按〕：新生代搞笑女藝人。2001年初訪台作秀時鬧出許多糗事。

我們想請教小林先生一些問題……
你們主題打算定為『日本的右傾化』嗎？
不 沒有這種意思 我們想先請教小林先生的看法……
但是 你們還是會寫『日本的右傾化』之類文章吧？
不 我們沒有非把你們定位為『右』不可 都還沒採訪 我們無權說什麼左或者右的……
可是 您剛剛不是說許多人說你們是「右派」 連美國人都關心 才特地來採訪 不是嗎？
您不用這麼緊張嘛
《紐約時報》之前已針對台灣的《台灣論》風波做了相關報導
而且是很不用功的報導
在那篇報導中 他們將小林定位為「右翼份子」
帶給讀者偏見
也完全沒有深入探討《台灣論》背後台灣深刻的問題與現狀
The New York Times
March 2, 2001
Cartoon of Wartime 'Comfort Women' Irks Taiwan
Rightwing Cartoonist
該報很無知 根本無法理解《台灣論》凸顯台灣內部存在著「支配勢力與台灣人」雙重構造價值與重要性 而且完全忽略有「台灣人」自我認同的民眾熱烈支持《台灣論》的
這次該報大概又會和其他媒體一樣報導說：「長期不景氣導致日本人失去自信 使得民族主義抬頭」等等
但 搞不好美國人也有很認真的
抱著一點希望 我決定接受採訪
剛好幻冬舍為了出版金美齡女士與我的對談著作 訂了旅館房間 就讓我先用
採訪拖了很久 讓準時到達的金美齡女士枯坐等待 我們如此配合他的採訪 不料……
這位《紐約時報》東京分社社長 叫做哈瓦特·法蘭茲的傢伙 突然丟出一個問題
日本政府為何不針對七三一部隊謝罪？

〔譯按〕：指日軍在二次大戰期間於中國東北地區以中國人進行細菌戰人體實驗的部隊。

在李登輝訪日一事上日本政府與外務省的態度，實令人費解。森首相雖然努力爭取，但是卻不太聽取意見。即使李登輝訪日時從事政治活動，也是言論自由，有何不可？台灣都能容許我的言論自由，日本反倒不能容許李登輝的言論自由？真令人不恥。

總之 這位記者此行目的無非是為了強調：「日本是戰爭犯罪國家所以只能講與戰爭犯罪有關的歷史」
剛好其報社分社位於《朝日新聞》大樓 就連論調也與《朝日》一致
朝日新聞
一開始就認定我是「極右派」、「歷史修正主義者」 即使接受其採訪說再多也沒用 浪費時間而已
他本人完全沒有以「第一手資料」與「第二手資料」檢證所謂的「日軍犯行」
由此可見所謂美國人是「個人主義」根本是騙人的
過去日本的教科書全都以馬克斯主義及階級鬥爭史觀寫成 一味地強調、指責日本過去的戰爭犯罪 為了糾正這種歪風 必須讓國民了解日本如何現代化 日本國家如何成立 我根據最新研究成果重新論述日本歷史 卻被稱為「極右派」
中学社会 歴史
像我這樣主張「反對軍國主義」的人 是所謂的「極右派」？
支持台灣與西藏有自主權而被中國憎恨的我是「極右派」？
那麼支持中國不斷以武力擴張領土的《朝日新聞》又是什麼派？
但即使《朝日》與中韓兩國同聲唱和 日本國民還是日漸覺醒不予理會 「編纂會」教科書已通過審查 受到愈來愈多國民的支持 這就是日本的現況！
《讀賣新聞》也發表「支持審查合格」聲明 《朝日新聞》已完全孤立 銷售量必將大幅滑落 這就是日本現況！
但 你能說所有日本人都「極右化」嗎？

《紐約時報》與你們的記者
哈瓦特・法蘭茲
像你們這樣只會給人亂貼「極右派」標籤
根本沒有資格從事媒體工作！
FAR RIGHT
如果你們真的那麼在乎日本的戰爭犯行 那我要告訴你們……
美軍當初以B29依次轟炸日本人口最多的六十四個都市 丟下燃燒彈 把「用木頭與紙做成的」日本房屋燒光 屠殺了二十五萬民眾 你們可曾為此道歉？
然後在長崎與廣島丟下原子彈 大屠殺三十萬以上民眾 針對此事 你們也曾道歉？
竟然還有人把戰爭中殺害的日軍骷髏送回去給家人當禮物 如此人種歧視的行徑 你們可曾反省、道歉？
更重要的 這些犯行日本人指責過你們嗎？
難道你們真的認為只有敗戰國「戰爭犯罪」戰勝國完全沒有？
哈瓦特・法蘭茲如此寫道
Far Right Tinkers With Histo
「暢銷漫畫家小林善紀主張民族主義的漫畫大賣 此事意味著 日本極右勢力已浮出水面 此事與日本政治與經濟衰退致使國民產生幻滅感是同時發生的」
果然不出所料 把「極右派」定罪為不景氣所致 如此做法不會太沒品嗎？

《朝日新聞》刊出一篇莫名其妙的報導，指稱中韓兩國都激烈抗議「編纂會」的歷史教科書，台灣抗議聲音卻很小。真是鬼扯！過去日本歷史教科書完全忽視台灣，完全不寫台灣，反倒是「編纂會」教科書認同台灣，把台灣寫了進去。所以，明明不能相比的事實，他們卻像巴普洛夫的狗〔譯按〕，一聽到「編纂會」教科書，就想到應該抗議。真是豈有此理！

哈瓦特．法蘭茲的報導還有一個重大錯誤
針對《台灣論》他寫道：．．．
我根本沒有這麼說
如此爲法簡直等於說當時台灣所有女性都想變成慰安婦！
惡意扭曲、莫此爲甚
如此手法和控制台灣主要媒體的外省人一樣都是誤導讀者
「《台灣論》提到，台灣女性自願成為日軍慰安婦還可藉此提高女性地位」
真是一派胡言！
不料 儘管我氣得七竅冒煙 秘書金森卻．．．
好像很喜歡下一段該記者對我個人的描述。
「他像奧斯卡．懷爾德那樣頭髮中分穿著帥氣的歐風黑色西裝沒打領帶 眼鏡是高級名牌長時間訪談過程中，講話都很輕柔完全沒有凶惡的樣子」
A best-selling author asks if the Japanese have turned into mice.
老闆 這篇報導不錯嘛
畢竟《紐約時報》比較偏向民主黨 而且立場親中國是吧？
他會這麼寫也是沒有辦法的．．．
惡意中傷、扭曲的報導絕不可原諒！
結果我發現 即使美國人也和沒有言論自由的中國一樣 只有抹黑沒有說理！
不使用「右翼」、「極右派」等辭彙他們根本就無法評論目前的日本以及小林善紀！
雖然比較喜歡共和黨 但我覺得不必過度激烈批判這個記者
金森 你到底在想什麼．．．
但「極右派」不過是外國記者惱羞成怒的恐嚇詞句
是沒有思考能力的外國人最愛的批判用語
就像罵人「你媽媽凸肚臍」一樣粗魯、低級
FAR RIGHT
Bah!

〔譯按〕：俄國著名心理學家，在狗唾液反射動作中發現動物的制約行爲以及大腦生理反應法則。

寫這篇稿子時，李登輝是否能取得訪日簽證，以及自民黨總裁選舉結果都還不知道。
是橋本龍太郎真是令人厭倦，他乞準被中國抓住什麼把柄，說話才會如此沒格調。至
麻生太郎表現還不錯；小泉與龜井表態願意參拜靖國神社，則令人佩服。

讓美國人充滿優越感
FAR RIGHT
每次提到「極右派」就會讓他們停止思考！
如果沒有這句話他們以後就不知道如何批判日本了。
他們完全不準備好好研讀日本歷史
也不打算好好培養自己的學術能力以便分析日本人
FAR RIGHT
只要碰到有愛國心的日本人就貼標籤說他是「極右派」！
講不贏的對手也是立刻貼標籤：你是「極右派」！
FAR RIGHT
凡是有日本人踩到他們的痛腳就一概把對方歸類為「極右派」！
對於美國人乃至於歐洲人而言「極右派」這句話已成口頭禪不講會死
只要一開口就是──「極右派」
FAR RIGHT
FAR RIGHT
通關密語就是「極右派」
為何老兄你是「極右派」？
比原子彈、氫彈還好用
FAR RIGHT
我可以驕傲一下嗎？
極右派
極右派
我的身體重點部位可是「左派」！

太多時間做義工、搞活動，公司已經出現虧損。下一期得好好賺點錢才行。以後只能接可以賺錢的工作了。

演歌·みれんの外圧頼み
我深深期許的……
中、韓等近鄰諸國啊-
官僚們不斷哭泣、叫囂
恫嚇、威脅不料……
對手難纏的小林善紀
如何是好？近鄰諸國
亡羊補牢為時不晚近鄰諸國啊
中、韓等近鄰諸國啊
只要中國老大亮出短刀
韓國大姊潑婦罵街
從外務省到文部省
所有官僚都會應聲屈服
教科書竟然也過關了
你們應該更加施壓
抗議、恫嚇都可以！
甚至打顆飛彈向日本示威！！
不甘心的《朝日新聞》
應以社論繼續抨擊
讀者也應起鬨批判
每天都派人寫文章大肆批判~
最最期待的仍然是-
中、韓兩國從外面施壓
中、韓兩國等近鄰諸國
你們應該真的生氣看看
我可以驕傲一下嗎~？
我希望你們
向日本——
施——
壓~
我的近鄰♪

◀演歌・不甘心的外國奴

第141章
准許李登輝訪日
根本不需
「人道立場」
黃金周假期真是討人厭
五月號雜誌的截稿日期太早結果害我無法掌握即將發生的狀況
好不容易獲得簽證李登輝訪日之行會出現什麼狀況?
自民黨總裁選舉誰會勝出?
這些都還不了解卻不得不下筆
根本沒必要放什麼「黃金周」假期
經濟不景氣、自殺者層出不窮還是有人悠哉悠哉出國旅遊真是亂來
連續假期你們更應該在家反省
每早七點都必須默禱!
咦?老闆你的鼻頭好像脫皮了
寺澤…你在說什麼?

本文執筆時，我從媒體得知，李登輝先生已經來到大阪，並前往倉敷的醫院就醫。電視畫面中，李先生與夫人曾文惠女士夫妻鶼鰈情深。此外，自民黨總裁選舉也由小泉純一郎獲勝。

你的臉看起來好黑哪
是曬黑了吧……
四月三十日起連續三天找不到人難不成你是出國去了？
沒…沒有啦…單程三小時半的地方不可能熱到曬傷的
是關島吧？
不…不對老闆那幾天都在唸書
唸書不算休閒活動吧
黃金周假期機位和旅館到處客滿根本無處可去
我看老闆是在家裏附近的游泳池畔日光浴、喝邁泰酒〔譯按〕吧——
老闆開溜、「忙中偷閒」也不過三天而已
至少沒有我們拼命工作他卻在旁邊呼呼大睡
老闆你玩得快樂嗎？
我……我太感動了……沒想到你們這樣護著我如此忠誠
我倒覺得有種被背叛的感覺……
總之寺澤君我並沒有開溜去玩
相反的你們編輯部為了放連假提早截稿時間造成我非常大的困擾
如果能等到李登輝訪日與總裁選舉結果出來寫法就會大大不同
…………

〔譯按〕：「邁泰酒」是混合萊姆酒、鳳梨汁、檸檬汁等做成的調酒。

中川昭一是頗可期待的政治家。他既有敏銳觀察力，又有堅強信念、紮實的歷史觀，頭腦又好，日本能出現和我同齡的政治家，令人鬆了一口氣。即使有時不小心失言，但其熱情感人，還是值得稱讚。

話說 這次李登輝先生申請訪日簽證
日本政府部分官員（河野洋平、福田、橋本、野中等人）與外務省（特別是槇田邦彥）等人的做法 令人不恥！
太可恥了 我不禁為身為日本人感到可恥
反之 森總理堅持發簽證的立場 並做了指示
令人佩服！
打破日本對中國長期的阿諛奉承外交 森總理如此義舉足可晉身名宰光照青史
李登輝已經公開說明「4月10日確實已經提出訪日簽證申請」外務省卻繼續賴皮
強調「沒有接到申請書」：
不料 河野洋平與外務省的槇田邦彥亞洲大洋洲局長等還是激烈抵抗
如果發出簽證 我就辭職
這樣繼續下去 日中關係必然完蛋！
簽證 絕不能發！
倒是 日本媒體很罕見地在此事上意見一致
「從人道的立場理應發給簽證」
「人道立場」
這就是連《朝日新聞》也不敢攖其鋒的絕對正義！
然而 卻還是有不把這種正義當作一回事、公然臣服於中國與之唱和的政黨
那就是 社民黨與公明黨！
什麼「人道觀點」？狗屎！中國老大爽不爽才最重要！
真是勇氣十足！他們竟然大言不慚地說道
人道與人權不重要 如果惹毛中國老大才有損日本國家利益
看樣子 我真得學習這些人踐踏人道與人權的勇氣呢！

《讀賣新聞》4月25日晚報刊出天日隆彥記者的《台灣論》評論，寫得真好。倒是，文中提到的「進一步改變台灣現狀」的人是誰？我當然沒說是我啦。但是，日本現狀與五年前相比，應該也算改變許多了。

橋本說道：
我們不希望李把中台的紛爭帶進日本來
如此說法想必讓社民黨聞言大悅
如果日本繼續如此膽小一味抱著「怕事主義」完全不敢貫徹國家主權終將失去美國、台灣、中國任何國家的信賴
如此愚劣的外交手法還要維持下去？
如果不能把自民黨內部的媚中與恐中勢力驅逐出去日本就不可能抬頭挺胸
外務省的槙田亞洲大洋洲局長根本就是賣國奴
日本畢竟是有尊嚴的國家豈容因為日中友好就自損威嚴？
防止日本外務省成為中國傀儡！已成眼前重大課題
外務省
難道橋本認為中台的爭議日本人可以完全當作沒看見、沒聽見完全不必討論？
若然 日美安保如何定位？
布希政權徹底地將日本視為戰略夥伴中國則是戰略競爭者
認為中國可能在台灣海峽挑起軍事緊張
另外 西尾幹二針對「李登輝訪日問題」於《正論》雜誌二〇〇一年五月號寫了很嚴重的觀點，他說：
西尾真會掰竟搬弄是非嫁禍於人
陳水扁總統明確表示「若日本拒絕發給李登輝簽證 將導致日台關係大幅惡化」
台灣外交部也提出警告「此事對日台關係有重大影響」
許多人相信 去年十月李登輝前總統訪日計劃受阻 主因是日本外務省沒有擔當
但其實不然
我聽說 其實是陳水扁政府的外交部從中作梗所致。
事實比小說還離奇 台灣外交部竟是中國的傀儡。
たっは—
然而 真相馬上一清二楚 這次李登輝訪日簽證申請 西尾的說法立刻出現破綻
但即使如此 外務省官員仍強辯：「我們不認為李登輝已正式提出簽證」
這就是外務省的官僚真面目！
日本外務省顯然已變成中國的傀儡
：其實我也不想說太多只能勸告西尾拿到資料情報最好先好好查證

黃文雄先生最新力作《台灣是日本人打下基礎的》（德間書店）書名下得真好。這本
不可不讀。反之，左翼人士那些魚目混珠的批判《台灣論》作品，根本不必浪費錢。
了解台灣，不妨讀謝雅梅、黃文雄的書，或者六月即將出版的我與金美齡的對談集！

我曾親口
聽李登輝先生講
他一直很尊重日本政府、
給他們面子
所以一直延後申請簽證
所以 真正有問題的
絕對不是台灣方面
事實上 去年我前往台灣
拜訪李登輝先生時
他剛接受
心臟檢診不久
他還提到
很想重訪日本
那是他的
「第二故鄉」……
有好多地方 都想
一一舊地重遊
他是如此地熱切期盼
話說回來 這次
李登輝訪日風波
我還是有兩個
疑惑
為什麼我們只能以
所謂的「人道立場」
准許
李登輝先生赴日訪問？
難道李登輝先生
就不能在日本發表
政治看法？
其實
日本媒體
如此喧騰、鼓噪時
李登輝訪日
早已完全
政治化！
李登輝氏16年ぶり来日
外務省「適当でない」
首相・外相 きょうにも再協議
政府内の不一致露呈
外務副大臣「ビザ発給を」
ビザ発給
李登輝
李登輝將
對日本人
說什麼
對於他的言論
日本人有何感想
輿論的看法
又是如何
這些不都是
日本人的自由嗎？
日本國民真是
自我作賤
一味看中國臉色的
日本政府・外務省
竟然不斷試圖封殺李登輝
不讓日本國民看到他
如此妨害言論自由
的行徑簡直就是
戰時輿論控制做法的復辟

對於心中想說：「台灣的事情，我最了解」的人士。我不想拆你們的台；但我寫的至少和你們不一樣。當然，保守派與左翼一定又會說，「小林寫的東西大錯特錯」。沒關係，等著瞧吧，我的漫畫會給你們「好看」。

坦白講 大多數日本國民受到的待遇 根本和中國民眾相同！
都被政府思想統治 不能自由接觸資訊 因而無法進行自我判斷！
平常總是高舉「言論自由」大旗的媒體與新聞記者們 為何對言論與思想統治 睜一隻眼、閉一隻眼？
爲什麼只能站在「人道立場」讓李登輝訪日？這說得過去嗎？
我今年二月（2001年）在台灣發行的《台灣論》造成整個台灣大亂
台灣論刊載 許文龍 蔡焜燦 說法 挨批
政府應為台灣論爭議降溫
原住民批「台灣論」扭曲史實
掃到「台」風 總統府無奈
批判台灣論
台灣內部的中國人認為我的看法對他們極為不利就運作
禁止我入境
小林善紀 禁止入境
但此舉不見容於台灣輿論 陳水扁總統也公開表明 願極力「捍衛言論自由」不久我被解除黑名單
今後我隨時可以前往台灣發表政治看法！
當然 我無法與李登輝先生相比
小林善紀入境解禁了
但以我一個小老百姓作品卻能對台灣社會造成如此巨大影響 原因主要是
有人看了此書跳腳不已
有人擊掌叫好拼命推廣本書
因為我已經洞悉台灣社會的根本問題《台灣論》續集勢必會寫更深入、更尖銳的內容
但即使如此 台灣還是准許我前往發表政治看法！
台灣論
小林善紀

《朝日》的4/25晚報的「窗」專欄，沒有證據卻把審查中的「白皮版本」流出事件嫁禍給扶桑社，又耍賴地說他們做相關報導乃「理所當然」。這豈不是說，今後審查中教科書不應隨便報導的「紳士協定」可以破壞？執筆者不可隨意批判其他教科書的「公平會」協定也可不遵守？整個事件都是《朝日新聞》一手挑起，民眾早就看得一清二楚

成為民主國家不過十幾年台灣卻能堅決地保護「言論自由」
反倒日本拼命封殺李登輝先生的政治發言
難道日本的民主程度比台灣還落後？
然而辻元所屬的社民黨 卻以怕「中國老大」生氣、破壞亞洲和平為由
意圖封殺李登輝在日本的「言論自由」！
社民黨的辻元清美曾參加「辯論到天亮」節目主題是「言論自由與國家利益，何者重要？」
自民黨議員回答「國家利益」 立刻令辻元清美大驚失色
強調這種想法的人很可怕
既然如此辻元理當無條件支持「言論自由」
社民黨又認定「編纂會」教科書對近鄰諸國與日本「國家利益」有害極力加以破壞、封殺
中学社会 歴史
我們終於了解這個政黨原本就有史達林主義傾向是個主張「鎮壓言論」的政黨
所謂「人道立場」與「言論自由」都是虛晃一招
他們根本認定討好中國以維持亞洲「和平」是「絕對的正義」社民黨人是無可救藥的「傲慢主義」
狗屎 我怎麼可以輸給這些社民黨混混
有膽大家就來舉辦「李登輝・金美齡」對「江澤民・朱鎔基」政治大辯論 讓全世界看個清楚！
李登輝與金美齡方面由我前往說服 社民黨就負責遊說江澤民與朱鎔基！
ゴーマン誌 ガチンコ対決
国と国の関係か？
一つの中国か？

大家不要再找我去演講或參加研討會了。畢竟小弟也必須賺錢、養活自己和員工。不能出書賣錢，搞不好公司會倒閉。萬一連我漫畫都畫不下去，這個國家恐怕就要滅亡了！為了國家著想，請大家讓我全力寫書！當然，也得給我一些和女人約會和喘口氣的時間。

日本應發給李登輝無限次數的簽證 他想去哪裏、見誰講什麼 完全自由！
至於日本民眾對李登輝的看法有何感想 那是大家的自由！
中共、外務省與野中・橋本 社民黨以及公民黨請你們不要再妨害日本人知的權利！
中國之所以不能堂堂正正讓日本國民自由判斷李登輝的言論
並且極度害怕李登輝的影響力
主要是因為他們對自己完全沒有信心
他們在西藏所作所為
以及對台灣施加的壓力都完全缺乏正當性
中國總是一味地使用邪惡、齷齪方段
也許中國人民能被他們完全掌控、洗腦繼續欺騙下去
日本人卻不能也不可受騙
我可以驕傲一下嗎？
所以 李登輝訪日根本不需什麼「人道立場」
我們只要像美國那樣自然地讓他入境事情一切OK
甚至可以乾脆也邀請陳水扁總統來訪！

台灣評論家論《台灣論》

小林善紀的《台灣論》堪稱不朽名著

評論家
黃文雄

一九三八年出生於台灣，一九六四年赴日。
著作有《醜陋的中國人》、《中國與韓國的扭曲歷史》
《台灣是日本人打下基礎的》等等。

處心積慮想「抹黑」日本歷史的左翼人士、以及認為「台灣的事情我們最了解」的保守派這些日本知識界人士，完全不可靠。讓我們聽一段台灣知識分子對《台灣論》非常特別的看法與批評！

有關《台灣論》的種種風波

小林善紀的《台灣論》漢譯本於二月七日正式在台灣上市。早在出版之前，台灣媒體就開始攻擊此書；而被他們認定是「引進本書」、「幕後黑手」的我也被波及，遭受統派媒體點名批判。

發行首日，前衛出版社舉行新書發表會，社長林文欽先生電話囑我務必出席。然而我早已決定仿效日光（地名）東照宮的三隻猴子，也就是「不看、不聽、不說」，完全不接受任何媒體的採訪。當然，我既非開溜，也不是旁觀者。如此做，我自有一番道理。

話說《台灣論》上市後，統派立刻咬住「慰安婦問題」，大肆興風作浪。三月一日，甚至鬧到立法院，舉行公聽會。只是論爭焦點圍繞在「慰安婦」問題上，就這點看，台灣的知識份子真是令人不忍卒睹。因為吵鬧的問題核心，竟被導引到「慰安婦

是否被強行帶走」。結果，即使被父母出賣的女孩，在她們的定義下，也是被父母「強制」的。

關於日本政府是否主導「從軍慰安婦」制度建立、強迫慰安婦從軍，李喬先生（國策顧問）前往立法院出席公聽會時，我給他這樣的建議：

「你就質疑統派，問他們有沒有任何可以證明日本政府主導此事的文件。有的話，請他們拿出來。事情就一清二楚了。」

關鍵點就在這裡。這是我的看法。

至於許文龍董事長，他是從日治時代一直看著台灣歷史發展過來的人，從邏輯的角度，他表達個人見聞的「慰安婦」狀況，完全合情合理。畢竟除了神明，沒有人能完全了解所有「慰安婦」的狀況。那些主張「所有慰安婦都被日本政府強行帶走」的人，才是無憑無據信口雌雄！

提到慰安婦，其實中國從古代三皇五帝開始，五千年來一直有所謂「軍妓・營妓」作法，也曾經與屬國朝鮮進行政府間「軍妓」交易。戰後國民黨到台灣後，並且設置「軍中樂園」。統派媒體卻忽略這些事實，獨獨談日治時代，用顯微鏡看待「從軍慰安婦」問題，把它鬧大，好像這是台灣目前最重要的事情。其居心叵測，已昭然若揭。

為什麼這些中國人突然正義凜然地關心、同情起半世紀前的「台灣慰安婦」？甚至大張旗鼓地組織所謂的「婦援會」，對日本政府展開訴訟。他們為何如此做，動機已經很清楚。

最可憐的就是那些隨著統派節奏起舞的愚民。其中，最最愚蠢的我想就是被牽著鼻子走的行政院長張俊雄。張俊雄為何突然要求日本政府對「從軍慰安婦」道歉？簡直就是典型沒有頭腦的台灣笨蛋政治人物。

這些人都不斷強調「台灣人的尊嚴」。但問題是，「台灣人的尊嚴」到底指什麼？我想請問台灣的知識份子，要求日本政府向戰前的台灣慰安婦道歉，跟你們的「尊嚴」有何關係？真要追求尊嚴，為何長期被外來政權控制卻無自覺，對中國的文攻武嚇如此軟弱，甚至加以迎合？這些根本問題沒有解決，卻一味地跟著媒體起鬨，豈不是讓你們更沒有「尊嚴」？

為何統派哪麼害怕《台灣論》

外來的統派中國人，之所以動員其所控制的媒體，全面圍剿小林善紀的《台灣論》，其實是為年底立法院改選造勢。當然，其背後有和中國政府唱和、與反日日本人聯手的因素。至於其攻擊目標，很明顯是李登輝與陳水扁總統個人，特別是試圖動搖陳水扁總統政權。

了解台灣的人都知道，台灣一直到李登輝政權，

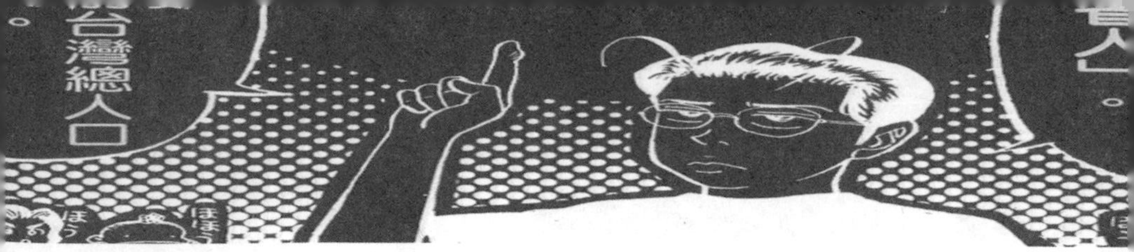

才走出二二八事件以來長期白色恐怖的陰影，達成自由化與民主化。在此之前，長期新聞與電信管制，媒體掌握在少數中國人統治者手中。

日本的知識界不論左派、右派，發表言論時不需什麼勇氣；反之，過去台灣人想表達心聲，卻必須冒著生命危險。

比如，民進黨前主席林義雄先生，就因此導致母親與兩個女兒被殺害。還有美國卡內基・麥隆大學的助教授陳文成博士，也因言論得罪國民黨惹來殺身之禍。不過，後來美國籍的《蔣經國傳》作者〔譯按：指「江南」〕在舊金山自宅被暗殺導致美國政府震怒，指責國民黨特務做得太過火，蔣經國終於無法讓蔣家第三代「繼承帝位」。這是大家熟知的。

在這之前很長一段時間，正式場合不准講台灣話，台灣話的聖經被沒收，了解台灣史竟成「禁忌」。因為詮釋台灣史的權利握在中國人手中，就灌輸台灣人中國人那套獨善的歷史觀，說這才是「正確」的歷史認知。

所以，幾年前新的國中一年級歷史教科書出現「認識台灣」章節時，統派便大力抨擊，說這是「李登輝史觀」，指責李登輝阿諛迎合日本、企圖進行反中國的陰謀，才與司馬遼太郎共同編輯這套教材。

至於，小林善紀的《台灣論》在中國人眼中，更是「胡說瞎扯」。首先他們認為，小林的歷史認知完全背離中國人那套「正確的歷史架構」，是公然向中國人的歷史解釋權與解釋權挑戰。不僅如此，中國人的夙敵李登輝，也公然在漫畫中登場，挖盡中國人的瘡疤、「極盡妖言惑眾之能事」。

然而，外來統派中國人瘋狂批判《台灣論》之後，卻不免心虛、恐慌。畢竟現在已經不是柏楊只畫「孤島的卜派」，影射蔣介石與蔣經國父子「漂流到孤島、接棒當總統」就可被判死刑的時代。

所以，統派的策略是，盡可能把這本書政治化，不讓《台灣論》擴散影響力。所以他們在立法院要求禁止該書發行，在高雄市議會提案要求「把《台灣論》趕出高雄」，並且鼓動民眾「拒買」該書；還跑到書店妨礙人家營業。最後更搞出「禁止小林入境」的暴舉。類此行徑，簡直就是義和團的翻版。

小林善紀被台灣政府禁止入境，相信已成陳水扁政權的最大污點及世界笑話。更離譜的是，辭掉日本共同通訊社〔譯按：相當於台灣的「中央社」〕記者工作，跑到台灣擔任民進黨中央黨部義工的酒井亨，也在被禁止入境之列，民進黨高層幹部卻不以為恥，著實令人震驚！話說回來，雖然陳水扁總統與呂秀蓮副總統都反對禁止小林善紀入境，禁令還是被通過了〔譯按：事實上是警政署與境管局在跨部會專案審查會議中堅持，警政署並且在沒有知會

上級機關的情況下，直接裁定禁止小林善紀入境」。這一幕正如統派算計的，恰好可以暴露陳水扁「全民政府」的「無能」與「荒腔走板」。

全面掌握台灣歷史與現狀
完整而深入的描述

戰後台灣史的解釋權與敘述權掌握在中國人手中，凡是違背反日・抗日史觀的說法，都被他們排斥。比如，楊碧川撰寫《後藤新平》只因沒有指控日本殖民統治「罪大惡極」，沒有強調其「殖民地榨取」，就被統派中國人群起圍攻。

戰後的台灣史論述基本上根據的是反日與抗日史觀，其中，「捏造歷史」的現象觸目可即。最典型的就是戴國煇的著作《台灣》（岩波新書）。連戴國煇自己都說：「騙騙日本人而已啦」。因此，備受敬仰的小說家李喬非常看不起這本書，並把作者戴國煇評為「人非人」。

戰後可讀性高、嚴謹的台灣史相關著作甚少。甚至只要內容若有一半正確，即可不必列入「惡書」之林。小林善紀的《台灣論》，則是戰後半世紀以來罕見的好書。小林雖不是台灣問題專家，但比那些做了幾十年台灣研究的專家學者，更能整體掌握台灣問題，深入解析。我想這不只是因為小林先生天生敏銳的洞察力，最重要的是，大多數人研究台灣總是愈研究曲解與誤解愈深，特別是依賴台灣官方文獻的學者，更容易陷入偽造台灣史的陷阱中。

而小林之所以能避開專家常掉落的陷阱，我想主要拜漫畫家身分所賜，讓他能全方位、立體地「停、看、聽」，深入台灣各地採訪。加上很幸運的，他遇到了許文龍、蔡焜燦、李登輝等人，都是極愛台灣、近於聖者的台灣史證人。研究台史不能從「恨」的角度出發；然而，只用所謂「客觀的」第三者旁觀角度看待台灣，卻絕對無法掌握台灣史的本質。

當然，小林不是神，《台灣論》沒辦法所有細節都完全正確；但基本上，他對台灣整體的掌握與描述，已接近完美。由於台灣與日本的文化差異，漢文翻譯難免會有一些語意上的差異，但我想漢譯本已盡力縮小這種差異與距離，不加以苛責。總之，就我所知，小林出版《台灣論》態度令人佩服、感動。

特別是，這本書精確地掌握了台灣史本質，值得給予高度評價。小林並且指出，日本統治對台灣現代化，有難以抹滅的巨大貢獻，再怎麼稱讚都不為過。

關於這點，讀者不妨也參考拙著《台灣是由日本人打下基礎的》（德間書店刊）。

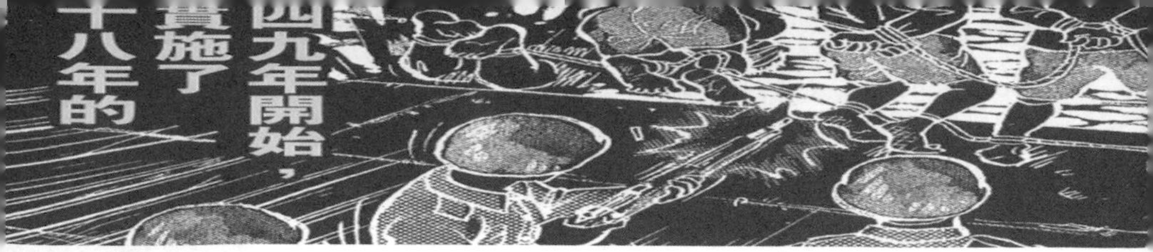

《台灣論》對於台灣史的貢獻

我與台灣前衛出版社社長直接聯繫，確認《台灣論》二月七日發行以來，到三月廿二日為止，已賣出十二萬本之多。台灣人口佔日本六分之一，讀書率大約七分之一，因此，書籍販賣量約為日本的四十二分之一。因此，本書大約等於在日本賣出五〇四萬冊！

外來統派大概不會想到，他們從事焚書、禁書等中國傳統愚行、暴行，卻刺激台灣本土派團結，有人大量購買《台灣論》免費公開贈送，高雄市的公園甚至出現看板——「狗與支那人不准入內」。外來派與本土派的政治對立在此事件中持續激化。

然後，本土派開始反擊了。三月十六日到十八日，連續三天來自世界各國的台灣人四十個團體約五百人齊聚台北，舉行世界台灣人大會，會議主題是尋找確立台灣主權的途徑，現場並舉行支持小林善紀的簽名活動。

統派媒體指責小林善紀，說他「假裝自己很無辜」、「不過是個漫畫家，卻目中無人」，把小林抹黑成台灣政爭元兇及「麻煩製造者」。類此論調在日本也不少。這些針對小林個人的指控，都很荒謬、無理，完全是中國人唯我獨尊、「順我者昌、逆我者亡」心態的反映。近來中國嚴詞批判日本教科書正是明顯的例子。

詩人李敏勇指出，按理說《台灣論》應該由台灣人自己來寫。這是理所當然的。只可惜，台灣人似乎愈來愈不喜歡讀書，現在台灣單行本初版印刷量平均只有五百到二千本。

小林善紀的《台灣論》之所以在台熱賣，當然也和台灣中國人長期實施「反日教育」導致台灣人反彈有關。因此之故，本書對台灣的影響與貢獻不容低估。

目前包括台灣教師聯盟與台灣教授協會等台灣人團體，都發起運動，主張把《台灣論》列為教科書補助教材。美國與加拿大的台灣人團體也不斷有人要求，希望出版英譯本。《台灣論》影響的層面與深度還在不斷擴大中。

戰後半世紀以來，大概不曾有任何日本人（包括政界人士），像小林先生帶給台灣如此大的衝擊與影響。由此也可看出，戰後的日本的政界人士多麼無能、無策。他們大多只能像演藝人員匆匆過水，即使有人氣，也未必能做出足以令人傳頌的政績。

反之，小林善紀創作漫畫時，不僅有獨特的歷史觀，更有他的堅持。小林絕非「天真」，他其實是個非常「純真」的人。從《戰爭論》與《台灣論》兩本書，可以看出小林與大多數早已失去勇氣與鬥志的日本人不同，他確實充滿向未來、向未知領域挑

戰的決心與勇敢。不論遇到任何挫折與挑戰，他都不會屈服；如果他能繼續勇猛邁進，我相信，小林將成為二十一世紀對台灣最有影響力的日本人，留名於台灣史冊。

小林描繪李登輝 傳神且正確

台灣獨立建國聯盟主席 **黃昭堂**

一九三二年出生於台灣台南，一九五八年赴日、進入東京大學就讀。七六年起擔任昭和大學教授。九二年首度返回台灣。著作有《台灣民主國的研究》等多本。

小林善紀正確表現李登輝－－評《台灣論》

最近日本漫畫《台灣論》中譯本在台灣上市，引起不少評論。事實上，這本在日本暢銷廿六、七萬冊的漫畫，也在日本造成熱烈討論，這是作者小林善紀銷售七百餘萬冊漫畫後，又一部引人注目的作品。

總體來說，這本《台灣論》對台灣很有幫助，因為長期以來，日本人對台灣雖然有許多投資，日本對台貿易占日本第三位，每年的往來也有一百五、六十萬人，雙方不能說不了解。但依我觀察，日本人對台灣的了解還不夠，因為日本的媒體很少報導台灣，台灣好像沈在海底一樣。這本書似乎讓透明的台灣逐漸出現一個形態，帶給日本非常豐富的資訊，內容不只包含政治，還有經濟、國際關係、哲學觀、國家定位，甚至是好吃好玩的地方。

總體來說，對台灣很有幫助

我對這本書的評價很高，也讓我因此對漫畫家另眼相看，原來漫畫也可以相當有深度。至於其內容，大家都可提出批評，但整體來看，對台灣是很有幫助的一本書。

其中對於李登輝提到：「大家都會這樣認為，如果台灣未曾經過日本統治的話，今天的處境恐怕比海南島還要淒慘吧……」引起許多批評。以我來看，這句話雖稍有美化日本之嫌，但結果可能沒錯，如果台灣繼續被清朝統治，勢必歷經辛亥革

命、各種暴亂、共產黨革命、文化大革命，其結果台灣一定更慘。

全書引起最多討論的，就是小林對日本統治台灣的評價。有些人對此不高興，其實他們不高興的並不是小林這麼說，而是他筆下的李登輝的說法。

關於這一點，我認為對李登輝先生不大公平。每個人都有人生過程，感受不同，像李登輝這種年紀的人，有相當經驗可以比較日本跟中國國民黨的統治。其實，兩者都是外來政權，沒有什麼好或壞，「殖民地沒有善政」是一定的道理。

用漫畫來表達，會讓更多人了解台灣歷史

過去國民黨時代把日治時代描寫得太壞了，好像一無可取，即使日本統治也有那時代的好處，而國民黨統治台灣時，也有日本統治時所沒有的好處，都有好有壞，被統治者只能比較哪一個好，這種比較根本就是太悲慘了，台灣人不是主體，只能被人家弄來弄去，頂多比較一下哪個好一點壞一點。

每個人對台灣都有其價值觀，李登輝當然也有李登輝的看法。有人批評他身為中華民國總統，不應對日本評價太好，我若替李登輝忖度他的想法的話，可以說，他在日本時代一路走得平穩，平安念到大學，這是他的一種經驗；在國民黨時代，他受了很大的虛驚，也是一種事實，要怎麼改變他的想法呢？他當總統，就不能講他心裏的話，這也是不對的。

他有一段時間恨國民黨，這沒有大錯誤，去問問吳伯雄有沒有恨過國民黨。李登輝是想什麼講什麼的人。按照我的判斷，書中內容有關李的部分，充分正確表現李登輝的想法。

而且，現在我們面臨一個很強大的對手，中國一直不放棄武力攻打台灣，我們要尋求我們的朋友，可能日本就是尋求的對象之一。

小林對台灣人來講是個外國人，他對李登輝、陳水扁兩位台灣政治家捧得那麼高，我們應該歡喜才對，如果反過來台灣有漫畫家對日本政治人物捧得那麼高，大家會覺得怎麼樣？

也可以這麼說，現在日本政治家，幾乎沒有可以跟這兩位媲美的，可以受到外國人這麼尊重、褒揚，應感到榮幸。我在日本也聽有些人對我說：「如果我們日本有像李登輝一樣的人物，不知道有多好。」

我斷定，日本沒有軍國主義再生的危險

這本書對台灣也有很多啟蒙的作用。過去台灣的歷史很多被掩蓋，這十年對台灣的歷史有些書籍出來，但不會有太多人去讀，用漫畫來表達，會讓更多人了解台灣歷史，當然裏面的價值觀如何，由每

一個讀者自己去判斷。

有些人對小林或李登輝的歷史觀反對，細究起來大多數是統派，怪不得他們批判。這是一種歷史觀的衝突，用台灣史觀或中國統治台灣的史觀，要站在哪一種史觀，判斷出來的結果當然不一樣。現在報紙大部份是統派，不喜歡有日本色彩在裏面，也不喜歡有台灣自己的歷史觀。

我本人研究台灣很久，但有些東西我卻是透過這本書才知道，比如說金門的情況如何，讀了這本書我才領會到我所不知道的金門。

有些批評者擔心日本軍國主義再起，以我在日本三十幾年的經驗可以斷定，日本沒有軍國主義再生的危險，沒有可能性，甚至現在若有人說要把台灣奉送給日本，他們也不敢接受，這一點我們不要老關在幻想的軍國主義中。日本經過戰後五十年，了解到和平反而能帶來繁榮，日本歷史上沒有這麼繁榮過，而且這是建立在日本自己的四個島上，完全不用靠外國的領土，沒有殖民地，不必為殖民地的抵抗而操心，日本現在反而能毫無顧忌地發展經濟。

台灣的國家認同問題，讓小林嚇了一跳

小林見過兩位總統、一些實業家和一般人民，他的取材相當廣泛，在短短一年間在外國「探險」，能做出這樣的成果，令我欽佩。我是一個研究者，我不認為自己能在一年內就可以對一個國家有這麼充分的了解。

有關台灣人的國家認同問題，讓小林嚇了一跳，為什麼一個國家內對自己的國家認同這麼多樣化。我也從這本書了解到李登輝反對民族主義，大概他認為提到民族主義，指的就是中國民族主義，就認為民族主義不行，要國際化。

但我要反問李登輝先生：我們台灣人就是台灣人，要建立台灣民族，是理所當然的。其實要國際化前總要先知道自己是什麼人，如此才能國際化，否則成為無籍遊民，反而不知道自己是什麼人。

小林由於對日本現狀不滿，因此藉台灣來教育日本，雖然我不覺得台灣比日本好多少。李登輝究竟能不能代表台灣，雖然大家有疑問，但對作者而言，李登輝是在選舉得到百分之五十四支持的人，他所講的，作者會感覺代表百分之五十四。

《台灣論》賣這麼好，不是日本人對台灣突然重視或感興趣，而是搭小林善紀一系列暢銷書的便車，由於他畫得有深度、有新觀點，才會引起注意，這對台灣來說，是意外撿到了便宜。

（原載於二〇〇一年三月號《財訊月刊》）

第142章
謝謝大家為「新歷史教科書」努力宣傳
新傲骨宣言 SPECIAL
二〇〇一年四月廿五日 是難忘的一天
旅日台灣同鄉會
為我舉辦
「支持小林善紀大會」
讓我誠惶誠恐
感激不已
在日台灣同鄉
我們支持小林善紀
很可悲的
台灣人有的受
國民黨教育（中國人
同化教育）影響，
竟然批判
李登輝先生
但 他們批判
李登輝的「自由」
也是李登輝先生
爭取來的
這類台灣人
同樣批判我的
《台灣論》
真是悲哀⋯⋯
日本也有類似
可憐的傢伙
鳩山由紀夫與
田中真紀子等人
長期被戰後
民主主義
與自虐史觀洗腦
對中韓兩國
的罪惡感 又大又深
只會一再「反省」
不斷地「謝罪」
完全無法據理力爭
他們甚至認為
最誠實的做法是
維護中韓兩國利益
真是不成才的傢伙

小林著作出版預告 6月將推出與金美齡女士的對談集《被禁止入境》（幻冬舍），內容說不定會很震撼喔。7月則出版《新傲骨宣言第10卷》以及介紹李登輝先生思想、人格與主張的《李登輝學校的教誨》（小學館）。李登輝是中國最想「除掉」的人，本書精采可期。《戰爭論2》預定8月上市。一波接一波，大家等著「瞧」吧。

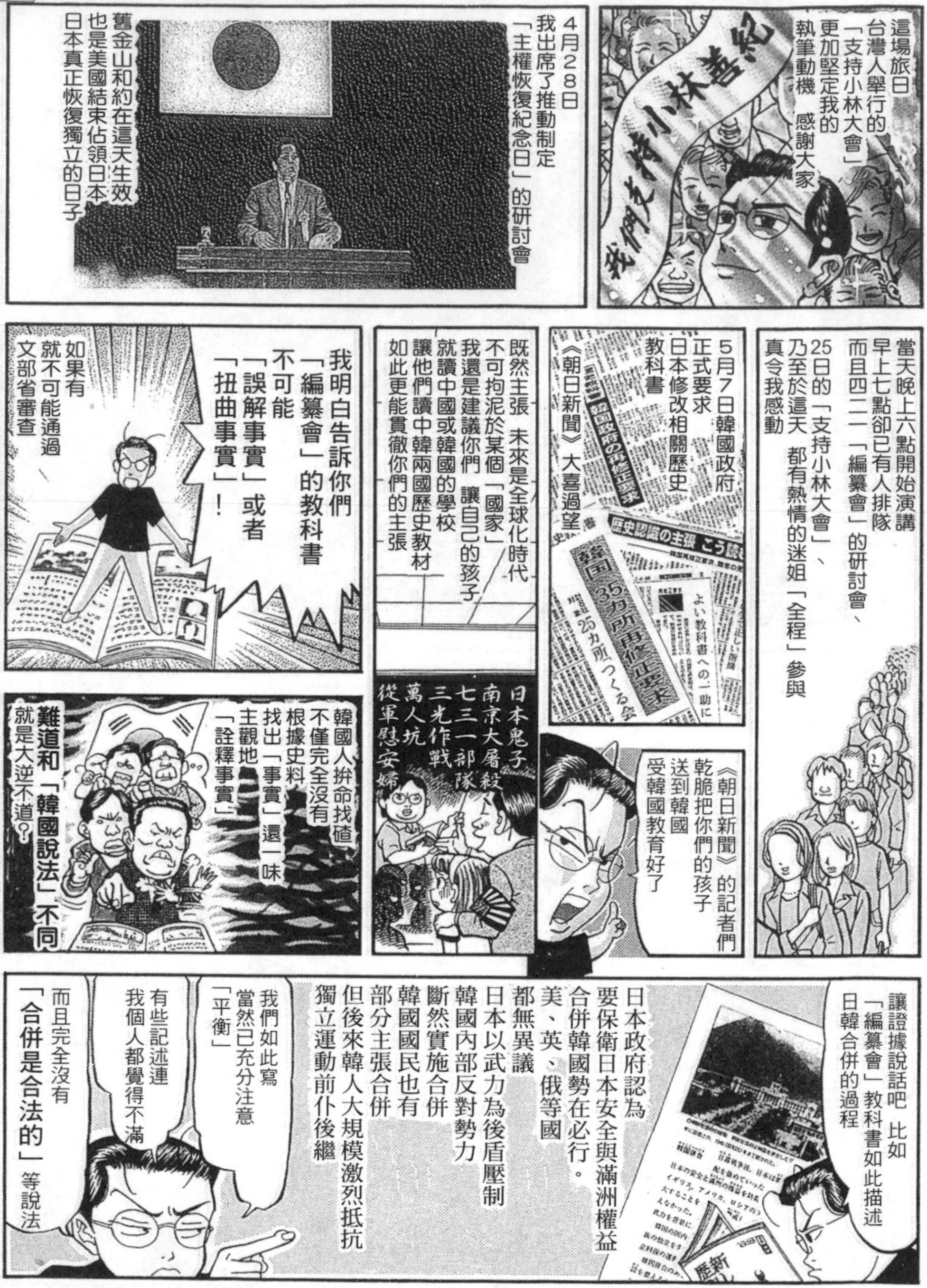

這場旅日台灣人舉行的「支持小林大會」更加堅定我的執筆動機 感謝大家
我們支持小林善紀
4月28日我出席了推動制定「主權恢復紀念日」的研討會
舊金山和約在這天生效 也是美國結束佔領日本 日本真正恢復獨立的日子
當天晚上六點開始演講 早上七點卻已有人排隊 而且四二一「編纂會」的研討會、25日的「支持小林大會」、乃至於這天 都有熱情的迷姐「全程」參與 真令我感動
5月7日韓國政府正式要求日本修改相關歷史教科書 《朝日新聞》大喜過望
韓国政府の再修正要求
歴史認識の主張 こう読む
韓国 35カ所再修正要求
よい教科書への一助に
既然主張 未來是全球化時代 不可拘泥於某個「國家」 我還是建議你們 讓自己的孩子 就讀中國或韓國的學校 讓他們讀中韓兩國歷史教材 如此更能貫徹你們的主張
我明白告訴你們「編纂會」的教科書不可能「誤解事實」或者「扭曲事實」！
如果有 就不可能通過 文部省審查
《朝日新聞》的記者們 乾脆把你們的孩子送到韓國 受韓國教育好了
日本鬼子 南京大屠殺 七三一部隊 三光作戰 萬人坑 從軍慰安婦
韓國人拚命找碴 不僅完全沒有根據史料 找出「事實」還一味主觀地「詮釋事實」
難道和「韓國說法」不同 就是大逆不道？
讓證據說話吧 比如「編纂會」教科書如此描述日韓合併的過程
日本政府認為要保衛日本安全與滿洲權益 合併韓國勢在必行。美、英、俄等國都無異議 日本以武力為後盾壓制韓國內部反對勢力 斷然實施合併 韓國國民也有部分主張合併 但後來韓人大規模激烈抵抗 獨立運動前仆後繼
我們如此寫 當然已充分注意「平衡」
有些記述連我個人都覺得不滿
而且完全沒有「合併是合法的」等說法

麻生太郎公開糾正田中真紀子根據媒體報導的錯誤發言，真棒！總得有人教教田中歷史。鳩山由紀夫更是令人倒胃口！日本國民看到鳩山對中韓兩國如此阿諛奉承，也都很噁心吧。下次大選，老天爺一定會處罰他們。大家拭目以待吧！

但即使如此 韓國人還是說「不行」！
「你們故意淡化韓國人的反抗、凸顯極少數親日派的聲音！」
以此藉口要求我們再度修正。
當時推動日韓合併運動的「一進會」自稱會員達到一百萬人之多
韓國境內根本沒有比「一進會」更大的民間政治團體與勢力！
這點我都還沒有寫進去呢
若照韓國的說法撰寫才是如假包換的扭曲、捏造歷史！
極少數親日派？
其實一般韓國民眾並不是那麼關心教科書問題
只有韓國在野黨與反政府媒體不斷興風作浪
金大中因南北問題遲遲無法解 經濟不安 支持率低落 明年又將總統大選 因而屈服於批判壓力 出面要求「修正」
教科書問題已被政治化 被韓國人當作政爭工具
正如《新傲宣》81章（第6卷）所述 我的擔心已不幸言中
和中國一樣「歷史」在韓國不過是政治工具而已
韓國歷史上常因國民內鬨導致國家利益受損
若非如此 被日本合併與南北分裂等問題 或許都能避免
若他們不能正視歷史、認真地反省 還是把所有過錯推到日本人頭上 一定會重蹈覆轍
韓國人雖說了幾萬次「過去已清算完畢」他們的話卻不可信
韓國人一定會陰魂不散地再翻舊帳 指責日本犯錯
我要強調「編纂會」編寫的教科書頂多「看法不同」不可能扭曲「事實」
即使真的「解釋錯誤」你們也不能動粗⋯⋯
如此便是封殺言論的暴行！

＊在「支持小林大會」上，收到蔡焜燦與Pema Gyalpo（前西藏流亡政府駐日代表）的祝賀電報。非常感謝！
＊美國不只讓李登輝，連陳水扁也大方入境。不愧是民主國家的氣度。真令人羨慕。

《朝日新聞》的社論如此說道：
「朝鮮是中國附庸國」根本就是歷史事實！
（某某人）的批評很有道理。
其實已有許多日本學者質疑扶桑社版歷史教科書「朝鮮是中國附庸國家」的說法
「朝鮮」這個名稱是十四世紀末李成桂篡奪高麗朝王位之後請求明太祖從「朝鮮」與「和寧」擇一為他們命名的
而且 李成桂當初只獲得明朝頒布「權知高麗國事」（高麗國王代理）印璽並沒有承認他是「朝鮮國王」
和
朝鮮
後來清朝取代明朝朝鮮繼續臣服
還使用清的年號每年固定向清朝納貢
朝鮮國王等於清皇帝所任命
韓國人之所以把日本天皇稱為「日王」
原因就在這裏因為他們認為天下只有中國「皇帝」日本人頂多是「王」
韓國有句話說「重建歷史」
早已習慣把對自己不利的歷史修改或刪除
他們之所以動手拆除舊朝鮮總督府無非也是為了「刪除」那段歷史
同樣的為了「刪除」曾為中國屬國的歷史他們把漢字拿掉改為韓式假名（諺文）
「扭曲、捏造歷史事實」其實是韓國人的看家本領
身為韓國「兒報」的《朝日新聞》難道不了解這種事實？還是故意與韓國唱和：「這樣說對韓國不好朝鮮絕非中國屬國！」《朝日新聞》此舉 正是公然「扭曲歷史」
反之 決不容許「編纂會」「扭曲歷史」的做法
朝
可見韓國總是人為的任意切割、修改歷史事實！
《朝日新聞》卻還拼命強調「『編纂會』教科書大受日本歷史學者批判」
《朝日》所謂的「歷史學者」身分已曝光
就是東大名譽教授和田春樹等七人聯名指控，說：「編纂會」的教科書都很「粗糙」……

但即使東京大學也有程度很低的教授。從前，東大與京大教授都令人肅然起敬；如今卻有一些莫名其妙的左翼教授。「國立」學校的教授就是國家認可的權威學者嗎？少來了～～～～。

又如，針對戰後日俄恢復邦交「編纂會」的教科書如此寫道
由於蘇聯不願承認國後與擇捉島為日本領土 日俄間的和平條約遲遲無法簽訂……
對於這段文章？和田等人批評道：
認識不正確，表現也不適切。事實應該是，蘇聯已表明願意歸還齒舞諸島與色丹島。但因日本堅持國後與擇捉島也要，雙方因而無法達成共識。
換言之 他們認定日俄和平條約難產責任不在蘇聯身上
不對的是日本 不應主張國後與擇捉島的所有權
和田等人還認為應把日本固有領土國後與擇捉島送給蘇聯 以利簽訂日蘇和平條約！
和田春樹過去曾堅信蘇聯、中國與北韓是人間天堂 凡是社會主義國家所作所為 都是好的 拼命給予正當化 他說：
日本過度拘泥於北方領土問題 因而遲遲無法改善與蘇聯的關係。
馬克斯主義的理想與目標 也就是烏托邦 已在史達林手下的蘇聯實現了
中國為了維持東北亞的和平與安定 其所做努力有目共睹。
仰光事件〔譯按〕也可能是韓國政府內部人員所為 至少北韓方面 不可能有人放恐怖炸彈
秦郁彥編「和田春樹語錄」引自《諸君！》九九年二月號
和田春樹曾指責南韓是「軍事獨裁政權」北韓卻是「地上樂園」
還拚命鼓勵旅日韓人 回北韓創業
總共有十萬個韓國人 相信和田的宣傳 回到北韓 卻大多被整肅而犧牲
蘇聯瓦解已經十年 到現在和田仍不承認社會主義與共產主義破產 還在主張 蘇聯一切都正確 國後與擇捉島也應送給蘇聯 甚至指責「二島為日本領土」說法「不正確也不適切」
此外 三月十五日在《朝日新聞》點名批判「編纂會」的東大名譽教授坂本義和 一向主張
蘇聯片面撕毀日蘇中立條約以及 在西伯利亞扣留六萬日軍 導致其死亡 乃至於佔領日本北方領土 都應給予正當化
對於自己所作所為 和田全無反省
曾幾何時 搖身一變 卻站在南韓這邊 還大言不慚：「最重要的是必須能正視過去、加以反省」！
動不動就以蘇聯毀棄日蘇中立條約 指責蘇聯缺乏誠信 是不符史實、無理的做法。
為了小小四個島嶼 遲遲無法結束日蘇冷戰、推展雙邊關係 如此外交手腕 實在難以恭維
參照克雷斯特出版社的《惡魔的思想》谷澤永一著

〔譯按〕：即1983年南韓總統全斗煥在緬甸首都仰光被暗殺未遂的事件。後來仰光當局發現幕後兇手是北韓政府，便斷絕與北韓的外交關係。

最近看了電影《Muïudeka》，演出不是很精采，加上許多印尼風俗習慣有點怪。但仍有可取之處，片中深入描繪了堅信解放亞洲理念的日軍內心之掙扎與衝突。日軍粗暴的部分，也交代得很清楚。與日軍有關的戰爭片，難得如此佳作。大家應該去看。

《朝日》所謂的「歷史學者」到底是何方神聖 大家知道了吧
為了謹慎起見 我必須再次強調 其他出版社教科書也都寫說：「北方四島是日本固有領土」
倒是《朝日》的社論有個地方倒寫對了
其實是韓國教科書 他們把所有在工廠「勤勞動員」的「女子挺身隊」全誤記為從軍慰安婦
等一下 韓國教科書之所以寫錯 其實是被《朝日》「製造」新聞誤導的！
已經思想破產的學者 其公開聲明《朝日》卻奉為圭臬大肆報導
難道《朝日》認為「國後與擇捉島非日本領土」是「正確的歷史認識」？
這點《朝日》一定得交代！
日本也應針對其他國家教科書不正確之處 不客氣地要求對方修正
完全贊成！
針對這點 不妨讓我們看看同一天的《讀賣新聞》社論應該修正的
讀賣新聞
THE YOMIURI SH
如此一來 好像就很難指責對方
這樣還敢抗議嗎？
還是得不客氣地抗議看看嘛！
終於到了六月「編纂會」參與的扶桑社《新歷史教科書》《新公民教科書》正式上市！
中学社会
新しい歴史教科書
不好啦
他們上市了！
不好啦！
真是糟糕
許多人說
這本教科書很棒
只靠謠言與中傷
已經不能加以破壞
やばい
ごまかせない
這本歷史教科書完全沒有主觀地用現在價值裁判過去是非？
這也是一本向祖先們深深致敬的歷史教科書
至於「一味地美化自己」之類的批評 根本不必在乎
只有在認為「日本乃犯罪國家」、極力加以醜化的人眼中 本書才有缺點
新しい歴史教科書
犯罪
惡

石原慎太郎與町村前文部大臣在教科書問題上，都有很獨特的見解，令人感謝。不過，他們提到「最初的送審本難以接受，審查後平衡多了」，聽起來令人不爽。到底哪裡不好，你們講清楚、說明白！如果剛好是我寫的部分，我一定反擊。我會根據所有的第一手史料與第二手史料來論述！也會指出「近鄰諸國條款」不當之處！

日本的先人們？辛苦努力奮鬥才締造了這個國家
我不像左翼人士那樣認為當今日本人有資格裁判過去日本的是與非
請大家務必比較過去的歷史教科書與公民教科書！
我不只羅列歷史事項還用故事情節生動地描述這是與眾不同之處
中韓兩國謝謝你們
你們隨著日本左翼跳舞不斷施壓扮演『顧人怨』的角色
你們窮凶惡極看扁了日本人導致日本人反彈你們國家的利益也因此受損
如此自我犧牲提高了各界對教科書的好奇 貢獻真大
謝謝你《朝日新聞》
你們窮追猛打讓我一夕之間成為全日本名人
一毛廣告費也不用付 實在太不好意思了
謝謝你鳩山由紀夫
在教科書問題上大搞媚外外交看樣子 你勢必會被社會大眾唾棄
犧牲政治生命為我們的教科書製造話題真是「捨己為人」
謝謝你田中真紀子
不了解歷史書也沒讀卻以偏見到處含血噴人
不過 小淵前首相過世 你的評論「自作自受」倒說得好
希望你還能更激烈地為本書宣傳
感謝你們外務省的中國幫諸君
你們施展『抓耙子』工作 卻不幸失敗變成眾目睽睽的醜聞、笑話
也感謝你們左翼人士
因為你們抨擊「編纂會」才有今天的高知名度與勝利

保守與左翼人士不斷說，「談台灣親日還是反日根本沒有意義，重點是日本的國家利益」真是胡說八道！其實有台灣親日派，日本國家利益更有保障。如此現實，你們根本不知道！

感謝你們啊 所有左派媒體
四年前「編纂會」召開 成立記者會 現場雖也 記者雲集 不料事後 完全沒上報
顯然我們根本 不受重視
不料教科書一做好 立刻吸引 所有媒體目光 一陣窮追猛打 反而知名度大增
託你們的福 大家都認識我了♡
實在很不好意思 會不會是 大家…… ♡
大家……
大家喜歡我 是吧 ♡
唉呀！
唉呀呀呀
我可以驕傲一下嗎？
所有的人 我都感謝你們 這麼簡單就 掉進我設的 圈套！
一切都 不出我所料！
真有趣 一切都 如我計劃展開 順利得難以置信
各位提供的 廣告效果 至少值 幾億元吧？
六月初 《新歷史・公民教科書》 就要正式上市
目標銷售 一百萬本！
太、太好了——
真高興 啦啦啦……

部分公開
讀者來函

前幾天第二次前往台灣旅行。

在嘉南大圳參拜八田與一銅像後，隔天又參觀了荷蘭統治時期的紅磚城堡「安平古堡」。

後來在奇美博物館看到後藤新平的上半身雕像，閱讀其解說文時，剛好站在我們前面的一位台灣老紳士，就用流暢的日語和我們打招呼，談了一些他對戰爭的回憶。老紳士姓林，據說他當時唸高一，就「學生出陣」前往前線戰場。

前線補給狀況惡劣，許多士兵餓死。他曾聽到海南島有人被迫吃同袍死屍。類似壯烈的故事，都一一與我們分享，然後頗有感觸地說道：

「你們出生在很幸運的時代，但我即使面對戰爭，也不恐懼。」

同行友人感動之餘，忍不住哭著說：「老先生為何如此勇敢？」此時我想留下老先生的聯絡方式，卻發現皮包裏面沒有紙筆，緊張得不得了。

見狀，林老先生卻說道，「我不是什麼名人，不必聯絡也沒關係。」於是我們揮手說再見，告別之際，老先生突然說，「小林善紀的《台灣論》一定要讀！」我立刻回答，「我是小林的忠實讀者」，老先生聽了非常高興，笑著大聲說道：

「（《台灣論》）It's true！ It's true！」（台灣論寫得很正確、很正確）

說完，老先生就離開了。我看著他的背影，覺得這樣有正義感的人，真令人佩服。想寫的東西還有很多，希望以後還能繼續與您聯絡。期待《台灣論2》、《戰爭論2》趕快出版。

（栃木縣　O・Y / 26歲）

附錄
聽我發發牢騷
新傲骨宣言
六月出版的《戰爭論》直到十一月還在大賣
已突破四十萬本向五十萬本逼進
我完全從「現代批判」的角度切入以「個」與「公」為主題進行討論　而且我肯定大東亞戰爭
但這是我個人看法並非「編纂會」基本立場
這點請勿混淆
我在《新傲骨宣言》中討論了慰安婦問題　並強調即使因此被視為「壞蛋」我也要為上代人說話
我早就有心理準備在眼前情勢之下如此寫法不只可能沒有銷路還可能遭受圍剿《新傲宣》甚至被迫關門大吉
但難以置信地　這本書卻持續大賣、各方矚目前幾天上了《辯論到天亮》節目不只收視率高漲　各界反應也非常熱烈
根據電話與傳真的問卷調查「肯定那次戰爭」的民眾顯然佔了多數
否
38.1%
肯
45.8%
費了一年搜索枯腸努力完成的《戰爭論》雖然銷售成績不惡但對於我而言　卻有許多不足為外人道的辛苦
遭受批判我也就認了左翼人士卻不分青紅皂白惡意攻訐
我甚至被激進團體盯上成為奧姆真理教事件以來　警方最擔憂的社會安全與治安問題
即使走在街上我也是路人注目焦點　但也因此　敵人根本無機可乘
但問題是演講邀請太多卻很難拒絕
加上我不擅長面對聽眾講話又擔心沒有東西可講
但想到　或許推廣《戰爭論》對於國家與社會有利我也就義不容辭了
為了「公」我勢必得拋頭露面到處推銷《戰爭論》
但若想到「個」我卻巴不得閉關在家寫書完成下部作品

明年我打算推出
以「繪圖」方式
製作的政論書籍
書本不好賣的時代
這是一項冒險
過去從來沒有漫畫家
做過類似嘗試
這項工作
單單繪圖部分
大概就得花上六個月
《新傲宣》方面 也正在計劃
出版特別的大專輯
我得超用功才行
並且認真採訪
相關工作
我得有相當心理準備
應該會忙個一年以上
SPECIAL
除此之外 有人建議
出版「小林專屬雜誌」定期刊行
太誇張了！卻沒想到
秘書金森拚命叫好
答應在上面發表新作
預定明年開始
根本做不到嘛！
我還得持續《SAPIO》連載工作
「編纂會」的運動也不能不顧…
這麼多工作怎麼可能做完
事到如今只好更加努力
希望大家多多宣傳這本好書
是我負責編輯完成的
新しい歴史教科書を「つくる会」という運動がある
日本に広がる熱き支持！
我等は如何に闘うか
小林よしのり描き下しマンガ
讀了這本書大家就會了解為什麼我們需要新的教科書
真想把「編纂會」改名為「盡速編纂之會」哩——
這部作品
三年前在「編纂會」會刊《史》熱烈連載
大受好評

之後 我全力完成
《台灣論》
其他工作 都放了下來
雖然答應供稿
製作「小林專屬雜誌」
卻一直找不到空檔動筆
忙死人了…
ふてくされ
因為我又答應
執筆撰寫新教科書
部分章節
總得認真唸書
好好地寫
還得針對審查意見
適度改寫
忙得不可開交
卻沒想到
敵人如此處心積慮
想把這本教科書拉下馬
發現狀況
當然必須反擊
検定不合格を工作
我也和青商會朋友
組成聯盟
推廣新教科書
如此一來
我必須巡迴全國
到處演講
經常和政界及
教育界人士見面
……
一年到頭 都在參加
「公益活動」……
「編纂會」設立於
九六年年底
已經五年了
《戰爭論》發行
也已經三年……
這些年來
我鞠躬盡瘁
工作成績
差強人意
二〇〇一年四月
「新歷史教科書・
公民教科書」
終於通過審查！
中学社会
新しい歴史教科書
不知道左派媒體
又要怎樣抹黑……
鳩山由紀夫與
田中真紀子等
政客又會如何搧風點火
助長偏見……
中韓兩國方面
當會要求修正
會有多少學校採用
還在未定之天
賛成 反対
6人 94人
「不採択」
韓国、修正を要求
我可以驕傲一下嗎？
我看不能再接
演講與研討會的
工作了！
我自己的
工作也得顧好
萬一工作室倒閉
底下的人也會沒飯吃
真想回到書桌前
好好畫出作品來！
馬上就要推出
《戰爭論2》
大家拭目以待！
畫出優秀作品
才是我對國家
最好的貢獻！

後記

震撼亞洲的《新傲骨宣言》

二〇〇一年，教科書問題與台灣李登輝前總統訪日之行，相繼成為影響日本外交的重大問題。這也正是本輯《新傲骨宣言》討論重點。

「新歷史教科書編纂會」推出歷史與公民教科書之後，中韓兩國就不斷要求修正。

真的無處不找碴。實在很難想像，他們為何如此厚顏無恥、過分！難道他們完全不把日本人看在眼裡？還是自尊心太強讓他們對自己的歷史羞恥，才不斷執拗地要求我們修正。

但問題是，其要求修正之處，根本就是無懈可擊。反倒是他們的主張經不起事實考驗。由此可見，中韓兩國學術水平實在太低。

他們的無理要求也證明，這兩個國家的歷史研究只是政治花瓶，學者完全沒有根據史料研究的自由。

日本政府面對這類要求，則一貫閃躲，「若有事實記載錯誤的狀況，將作檢討」、「期待兩國共同進行相關歷史研究」或者「我們遵守一九九五年村山（富市）談話的立場與方針」等等。

面對中韓兩國，日本政府態度為何如此軟弱？

難道我們不能堂堂正正地指出對方「要求修正」的乖謬之處？

我們不妨也趁這個機會，找出中韓兩國教科書中「反日．美化自己」明顯離譜的一百個地方。不是嗎？

特別是他們為了強化自己的民族主義，拚命灌輸下一代「反日」意識，實在非常危險。所以，我們才應強硬要求修改他們的歷史教科書呢。

反之，日本的歷史教科書，包含「編纂會」版本在內，完全沒有任何出現「反中國」或「反韓國」意識。

真要謀求亞洲的安定與和平，應該要求中韓兩國停止以「反日」為重點的民族主義才對。

我們也應讓日本國民了解，若中國仍一味地鼓動其國民「反日」，卻完全不提這幾年接受日本超過三兆日圓ODA援助的事實，如此誤導中國人民，日本對中國的ODA政策就得修正。

但問題是，我們的外交政策總是如此軟弱，不只不要求對方改進，還自我辯解，說「沒有要求對方改進的必要」。

為什麼田中真紀子就任外務大臣，就一再向中韓兩國輸誠，說日本的歷史教科書問題讓她「痛心」？這難道不是失言嗎？

田中真紀子真的對哪些教科書有意見，就請她明明白白指出來。

但問題是，她根本講不出來。因為田中不過是個「在家是老虎、出門是豆腐」的傢伙。她對日本歷史完全不了解，只因欠了中國人情，就相信左派媒體的扭曲報導。所以，她說某些教科書讓她「痛心」，真正的意思其實是：「日本的教科書不應讓先父的恩人，也就是中國大爺生氣」〔譯按：田中真紀子乃是前首相田中角榮之女。後者正是一手主導完成日中建交、屹立日本政壇數十年的政治強人〕

然後，針對日本政府應否發給李登輝前總統簽證問題，田中表示：「如果當時是我做決策，一定會更加慎重。比如，我會請李先生前往新加坡或者美國就醫」。她甚至打電話給中國外相，告訴對方：「今後即使李登輝提出訪日申請，我也不會准許」。

後來，國會議員針對此事質疑，「內鬥內行、外鬥外行」的真紀子卻支吾其詞不敢坦白面對社會大眾，繼續搞她的秘密外交。

好不容易河野洋平下台，卻來一個更差、更爛的外務大臣。更糟糕的是，這傢伙在對外交事務全無關心的大眾眼中，卻是人氣鼎盛的俠女。民粹（populism）之惡，莫此為甚。

好不容易運作成功的李登輝訪日，以及大有進展的台日關係，卻被田中從中作梗、回到原點。

但問題是，美國布希政權已明確親台，日本當然也得好好思考自己在兩岸關係上，應扮演什麼角色。

我在教科書問題與台灣問題上，從來沒說「不可干涉內政」這句話。畢竟所謂「外交」，經常就是一國干涉另一國內政事務。像日本這些年來的「自閉」，才是怪胎、不合情理。

我的《台灣論》在台灣發行漢文版後，立刻在當地掀起所謂的「《台灣論》風波」，還有人抨擊，說《台灣論》試圖「干涉台灣內政」。

因此，《台灣論》作者小弟我竟被國民黨獨裁體制餘孽的舊官僚，列入黑名單、「禁止入境」。

所幸陳水扁總統公開表明，「只要我在總統的位子一天，就絕對不允許有人因為言論問題而變成黑名單」。不到一個月，我的黑名單立刻解除，台灣也不斷傳出有人希望讀到《台灣論》續集的呼聲。所以，我就再接再厲，完成這部作品。

另一方面，《台灣論》好像也給中國很大衝擊。事實上，自從我發表《戰爭論》之後，中國社科院就開始有人進行「小林善紀研究」，持續發表論文。

根據五月廿五日的《產經新聞》報導，中國國務院台灣辦公室在對台統戰工作會議上，統領其事的副總理錢其琛下達指示，將對台灣展開新的宣傳攻勢，阻止台灣向國際社會靠攏、走向分裂。錢其琛特別提到，必須強化有關「台灣歷史」的宣傳。錢其琛此一動作，顯然是為了小林善紀抗衡《台灣論》，降低各界對日本在台統治的正面評價，排除日本對台社會的影響力。

只是，雖然中國方面如此大動作，被日本殖民統治過的台灣人不少還活著，中國一手遮天當然不可能得逞。很意外的，聽說他們還打算挖掘全中國優秀漫畫家，培養來與小林善紀對抗。

真是莫名其妙，太不可思議了。我甚至覺得有點滑稽，中共未免太誇張了。畢竟我小林善紀不代表日本，作品內容也不是日本的國家政策與主張。

追根究底，我小林善紀不過是一介漫畫家。而且，我冒著與所有日本國民為敵的危險，堅持反對田中真紀子，未來還可能有更多地方與日本這個國家唱反調……。

中國一向踐踏、壓迫「言論自由」，我倒是想看看，他們培育出來的「紅色小林善紀」，能畫出什麼東西。或許他們的「台灣論」，讀起來會很像奧姆真理教推出的漫畫呢。

最後做個小小宣傳，《新傲骨宣言》第十卷發行的同時，小學館出版的《李登輝學校的教誨》也將面世。本書可讀到名留青史的政治家李登輝前總統的諸多智者之言。

此外，《戰爭論2》繪製工作漸入佳境，「反小林善紀」的傢伙，你們等著瞧啦！

二〇〇一年六月　小林善紀